Georg Heinrich Piepenbring

Apotheker
in Pyrmont, Meinberg und Karlshafen
Chemie-Professor in Rinteln

Universitätsstadt Rinteln

GEORG SCHWEDT

2017

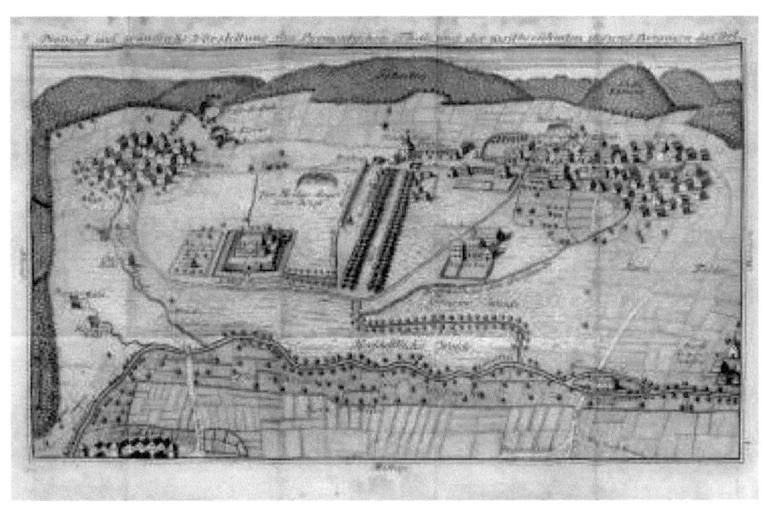

Historische Ansichten von PYRMONT

Die Hauptallee in Pyrmont um 1795

INHALT

VORWORT und EINFÜHRUNG

Eigentlich wollte er Prediger werden – doch sein Vater, Lehrer und Küster (oder Kantor) in einem kleinen Dorf bei Nenndorf schickte ihn in die Lehre zum Apotheker in die damalige Universitätsstadt Rinteln. Offensichtlich konnte er dort nicht viel lernen, weil er auch in eine Zeit kam, in der ein Wechsel der Prinzipale stattfand.

Er wechselte nach der Lehre in die Hofapotheke in Pyrmont, lernte so viel es ihm neben der täglichen Arbeit möglich wurde, erkrankte infolge Überarbeitung – möglicherweise an einem Nervenfieber –, wovon ihn der berühmte Hofmedicus Marcard aus Hannover heilte. Danach studierte er Medizin in Marburg, mit finanzieller uneigennütziger Unterstützung des Rintelner Medizinprofessors Schröter, promovierte *in absentia* an der Universität Erfurt und kehrte als Dr. med. nach Pyrmont zurück. Wenn man seine Widmung – nur mit Buchstaben für Namen und Ort – in seinem ersten ökonomischen Werk richtig deutet, verliebte er sich in die Mademoiselle Gösling aus Pyrmont, die er später auch heiratete, wurde Apotheker in Meinberg und verfasste eine kritische Schrift über die neu- bzw. wiederentdeckte Salzsole-Quelle in Pyrmont, die ihm großen Ärger und gedruckte Schmähschriften, indirekt vom Badearzt Trampel, einbrachte. Er wirkte als medizinisch-chemisch-pharmazeutischer Schriftsteller – sein umfang-reiches Werk beeindruckt auch noch im 21. Jahrhundert – verließ Meinberg, wohnte zeitweise in Örlinghausen und pachtete schließlich eine Apotheke in Karlshafen. Hier erhielt er endlich einen Ruf auf eine ordentliche Professur an der Universität Marburg, jedoch wurde er an die Universität in Rinteln geschickt, wo sich der Lebensweg bereits im zweiten Semester seiner Tätigkeit im Alter von nur 43 Jahren schloss. Er hinterließ seine Frau mit zwei Kindern.

In der Geschichte der Universität Rinteln, die 1610 in Stadthagen als *Gymnasium illustre* gegründet, 1621 als *Academia Holsato-Schaumburgica* in Rinteln eröffnet und 1809 von König Jérome aufgelöst, sind nur zwei Professoren verzeichnet, die zu Professoren der Chemie ernannt wurden:

Georg Heinrich PIEPENBRING am 26.4. 1805

und nach dessen frühem Tod (am 6.1.1806)

Georg Wilhelm Franz WENDEROTH (1774-1861), der nach der Auflösung der Universität 1810 als o. Prof. für Botanik und Direktor des Botanischen Gartens an die Universität Marburg ging.

Wir werden den Werdegang von G. H. Piepenbring von seinem Geburtsort Horsten (bei Bad Nenndorf) über seine Tätigkeiten als Apotheker von der Lehre in Rinteln über die Tätigkeit in der Hof-Apotheke zu Pyrmont, die Apotheken in Meinberg und Karlshafen, sein Medizinstudium in Marburg und die Promotion zum Dr. med. an der Universität Erfurt bis zur Berufung als Professor nach Rinteln verfolgen.

Aus dem umfangreichen Verzeichnis seiner Schriften wird eine Auswahl näher vorgestellt – u.a. über die Quellen in Pyrmont. Zu anderen Werken wurden einige Rezensionen ausgewählt, welche das Spektrum vom „Verriss" bis zur wohlwollenden Empfehlung aufzeigen werden.

1. Seine Biographie
in *Strieders Hessischer Gelehrten-Geschichte*

G r u n d l a g e
zu einer
Hessischen Gelehrten-
und
Schriftsteller-Geschichte.
vom Jahre 1806 bis zum Jahre 1830.
_____

Von der Reformation bis 1806.
_____

Achtzehnter und letzter Band.
(...)
_____

Herausgegeben
Von
D. Karl Wilhelm Justi.
_____

Marburg,
(...)
1819

(S. 427-434)

P i e p e n b r i n g *(Georg Heinrich).*
In dem Dorfe H o r s t e n, Amts Rodenberg, in der Grafschaft
Schaumburg, Kurhess. Antheils, unter Nendorf liegend, den 5. Januar
1763 geboren. Er hatte sich zunächst zum Prediger bestimmt; sein
Vater*) aber wollte einen Apotheker aus ihm machen, und gab ihn
Ostern 1777 in die Apotheke nach Rinteln, wo er jedoch eigentlich
nichts lernte, indem er seine Zeit mit Handverkauf, Branntwein-
schenken, Weinversellen, Scheuren, Waschen, Stoßen, Rechnungen-
austragen u. dgl. – wie es das in manchen Apotheken der Fall ist –
zubringen mußte.

7

*)Nach der Zueignungsschrift vor dem 4ten Bändchen von des Sohnes ökonom. Nützlichkeiten war er Kantor zu Kirchdorf; eigentlich: Küster und Schullehrer, denn so unterschreibt er sich selbst in s. Geschichte der Vaccine oder Kuhpocken-Impfung in den Dörfern Kirchdorf, Scharringhausen, Bahrenborstel, Heerde, Kuppendorf, Ohlemselen, Hess. Schaumb. Amts Ucht; die dem Rintel. Intellig. Blatte 1808. 3. St. S. 13-16 einverleibt stehet.

Nach Verlauf von 6 ½ Jahren ging er Michaelis 1783 nach Pyrmont in die Dienste des Hofapothekers Krüger. Hier nützte er die Zeit, las was in sein Fach schlug, übte sich in den nothwendigen Nebenwissenschaften, und studirte Tag und Nacht, wie es seine Dienstgeschäfte erlaubten, so daß er krank wurde, und darüber seinen Geist hätte aufgeben müssen, wenn gerade nicht der Herzogl. Oldenburgische Leibarzt da gewesen wäre, der sich seiner ärztlich annahm, und ihn wieder auf die Beine brachte. In Pyrmont lebte er 6 Jahre in einer und derselben Apotheke, und als er sich fühlte, und glaubte ein wenig zu wissen, beschloß er, Medizin zu studiren, und ging nach Marburg, ohne die geringste Unterstützung seines Vaters, der da glaubte, es selbst habe sich geholfen, folglich müßten auch seine Kinder sich helfen, um es irgend wozu zu bringen. In Marburg war er anderthalb Jahrelang, hörte dort Anatomie, Physiologie, Therapie, Geburtshülfe, theoretisch und praktisch, kurz alles, was ihm zu hören möglich war. Nun promovirte er abwesend, bei einer günstigen Gelegenheit, 1792 zu Erfurt, und erhielt von der damaligen Universität das Diplom als D o k t o r   d e r   M e d i z i n. Das nöthige Geld erhielt er vorschußmäßig von dem verstorbenen Hofrath und Prof. Schröter in Rinteln, der ihn unterstützte, so viel er konnte, ohne die mindesten Interessen vom Kapital zu fordern. Ein redliches sehr seltenes Beispiel von Uneigennützigkeit, das häufig der eine Bruder dem andern nicht zu Theil werden läßt. Jetzt ging er wieder auf einige Zeit nach Pyrmont, seinem Lieblingsorte; von da etablirte er sich als Apotheker in Meinberg, einem Badeorte im Lippischen, zog dann nach einigen leidenvollen verlebten Jahren nach Karlshafen, (wo er die Apotheke der Buhlertschen Erben in Pacht nahm), und von wo aus er im März 1805 als P r o f e s s o r

der C h e m i e und P h a r m a z i e nach Marburg berufen, im darauf folgenden April aber in dieser Eigenschaft auf der Universität zu R i n t e l n angestellt wurde.
(Aus P. F. W e d d i g e n Westphäl. hist. geogr. National-Kalender auf d. J. 1806. S. 172 u. ff.)
Am 6ten Januar 1806 schon erfolgte der Tod. Er hinterließ als Gattin H e n r i e t t e R e b e k k a M a r i e, geb. G ö s l i n g, mit 2 Kindern.

Im Vergleich zur oben zitierten Biographie sei hier der als Quelle angegebene Text in *Weddigens National-Kalender* wiedergegeben:
„Rintelische jetzt lebende Schriftsteller. (*)
1) P i e p e n b r i n g. [G.H.] der sich zunächst zum Prediger bestimmte und deßhalb auf Schulen ging, nachher aber von seinem Vater eine andere Bestimmung erhielt, wurden gebohren den 5ten Jan. 1763, im Dorfe Horsten, unter Nendorf liegend, Amts Rodenberg, der Grafschaft Schaumburg, Kurfürstlich Hessischen A n t h e i l s.

_____

(*) Das Verzeichniß derselben kann noch vergrößert werden. Darf man darum ersuchen?   W.

Ostern 1777 wurde er nach Rinteln in die Apotheke gegeben, um darin *nolens volens* die Apothekerkunst zu erlernen, wo er aber denn die Absicht verfehlte, und, wie das in so vielen Stadt-Apotheken der Fall ist, eigentlich nichts lernte; indem er seine Zeit mit Handverkauf, Brantweinschenken, Weinversellen, Scheuren, Waschen, Stoßen, Rechnungen austragen u. dergl. unangenehmen V e r r i c h t u n g e n mehr, zubringen mußte. Nachdem er 6 ½ Jahr in der Lehre zu Rinteln unnütz verlebt hatte, ging er Michaelis 1783 unwissend nach Pyrmont in die Dienste des vor ein paar Jahren verstorbenen Hofapothekers K r ü g e r. Hier nützte er die Zeit, las was in sein Fach schlug, übte sich in den nothwendigen Nebenwissenschaften und studirte Tag und Nacht, wie es seine Dienstgeschäfte erlaubten, so, daß er krank wurde, und darüber seinen Geist hätte aufgeben müssen, wenn gerade nicht M a r c a r d da gewesen wäre, der sich seiner ärztlich annahm, und

9

ihn wieder auf die Beine brachte. In Pyrmont lebte er 6 J. in ein und derselben Apotheke, und als er sich fühlte und glaubte ein wenig zu wissen, beschloß er Medicin zu studiren. Darauf ging er nach Marburg ohne die geringste Unterstützungen seines Vaters, der da glaubte, er selbst habe sich geholfen, folglich müßten auch seine Kinder sich helfen, um es irgend wozu zu bringen. In Marburg war er 1 ½ Jahre lange, hörte dort Anatomie, Physiologie, Therapie, Geburtshilfe, theoretisch und practisch, kurz alles, was ihm zu hören möglich war. Nun promovirte er abwesend, bey einer günstig seyn wollenden Gelegenheit, zu Erfurt, und erhielt von der dasigen Universität das Diplom als Doctor der Medicin. Das nöthige Geld erhielt er vorschußmäßig von dem verstorbenen Hrn. Hofrath und Professor S c h r ö t e r in Rinteln, der ihn unterstützte, so viel er konnte, ohne die mindeste Interesesse vom Capitale zu fordern. Ein redliches, sehr seltenes Beyspiel von Uneigennützigkeit, das häufig der eine Bruder dem andern nicht zu Theil werden läßt! Jetzt ging er wieder auf einige Zeit nach Pyrmont, seinem Lieblingsorte; von da etablirte, er sich in Meinberg, einem Badeorte im Lippischen, zog dann nach einigen leidenvoll verlebten Jahre nach Carlshaven in sein Vaterland zurück, von woraus er im März laufenden Jahres als Professor der Chemie und Pharmacie nach Marburg berufen, im April aber in dieser Eigenschaft auf die Universität zu Rinteln angestellt wurde.

Er schrieb:

Auserlesene Bereitungsarten Pharmaceutisch-chemischer Arzneymittel für Apotheker 1ster und 2ter Heft. Göttingen 1789. – *3ter H. ebend.* 1790. 8. *Oekonomische Nützlichkeiten, Vortheile und Wahrheiten, für Naturkunde, Landwirthschaft, und Haushaltungen.* 1stes bis 4tes Bändchen. ebendas. 1791 u. 1792. 8. – *Beyträge zur Arzney- und Apothekerkunst.* 1ster B. ebendas. 1791. 8. – *Abhandlung über die Luftsäure*, nebst zwey andern Aufsätzen, zur Erlangung der medicinischen Doctorwürde, bey Gelegenheit des vierhundertjährigen Jubiläi der Universität zu Erfurt den 17ten September 1793. Erfurt. 4. – *Pharmacia selecta principii materiae medicae pharmaciae et chymiae superstructa;* oder: Auswahl der besten wirksamsten Arzneymittel. *Ein Handbuch für Aerzte, Wundärzte und Apotheker.* 1ster Theil. Erfurt 1792. 2ter Theil ebendas. 1798. gr. 8. *Physicalisch-chemische Nachricht von dem sogenannten neuen Mineral-Salzwasser auf der Saline bey Pyrmont; nebst einem Anhang für Aerzte und Nichtaerzte.* Leipzig 1793. gr. 8. *Ueber die Schädlichkeit der Bleyglasur der gewöhnlichen Töpferwaaren, nebst Anweisung und rechten Gebrauch eines andern, bessern, dauerhaften und gar nicht schädlichen Küchengeschirrs.* Lemgo 1794. 8. Gab mit einer Vorrede und Anmerkungen heraus: *Kurzgefaßter Grundriß der Mineralogie für Anfänger dieser Wissenschaft,* tabellarisch entworfen von einem Ungenannten. Berlin 1794. gr.8. *Vorläufige Antwort auf den Brief, betittelt: Matth. Weber zeigt dem Apotheker Piepenbring durch diesen Brief die Antwort an, die er durch dessen Schrift: Physikalisch-chemische Nachricht von dem sogenannten* neuen *Mineral-Salzwasser* und der *Saline bey Pyrmont* u. s. w. *veranlaßt hat.* Meinberg 1794. 8. *Weitere Antwort auf den wider mich geschriebenen Brief.* Ebendas. 1794. 8. *Kurze Gegenantwort auf die unter Matth. Webers Namen erschienene neue Schmähschrift.* Ebendas. 1794. 8. *Pharmacia selecta pauperum;* oder: *Auswahl der Arzneymittel für Arme.* Ein Handbuch für Aerzte, Wundärzte u. Apotheker. Leipz. 1794. 8. – 2te vermehrte und umgearbeitete Ausgabe. 2 Bände. Erfurt 1796 – 1797. gr. 8. (auch unter dem Titel ausgewählter Arzneymittel, nach den heutigen Kenntnissen in der Pharmacologie u. Pharmacie, bearbeitet für angehende Aerzte, Wundärzte und Apotheker.) *Archiv der gesammelten interessantesten und nützlichsten Aufsätze für Landwirtschaft und Haushaltungen.* Leipz. 1795. 8. *Ueber das Düngsalz,* besonders über die zwei Arten desselben, welche in Salzufeln verfertigt werden; eine kurze Nachricht für Landwirthe. Ebendas. 1795. gr. 8. *Ueber die Verbesserungen des Spinnrades* aus Rücksicht des weiblichen Geschlechts. ebend. 1795. 8. *Ueber die neuesten Bereitungsmittel und einige andere Gegenstände der Medicin, Chemie und Pharmacie.* Ebendas. 1795. 8. (Hierin ist von ihm: Chemische Untersuchung des Meinberger mineralischen Bitterwassers, und: Ueber die Nothwendigkeit eines Apothekerbuchs für einen jeden Staat.) *Anleitung zur Kenntniß der verschiedenen Ackererarten und für jede am zweckmäßigsten befundenen Dünge- und Verbesserungsmittel.* Hannover 1797. 8. – *Ueber die Säure der*

11

Galläpfel, als einen Bestandtheil der Dinte; in Crells chem. Annalen 1786. St. 1. S. 50-54. *Ueber die Bestandtheile des Papiers.* Ebend. St. 5. S. 423-431. *Ueber die Herstellung des Rückbleibsels von den Hoffmanischen tropfen zu brauchbarem Vitriolöle.* Ebend. 1788. St. 3. S. 219-221. *Einige Erfahrungen über die Mutterlauge des Kochsalzes und die daraus zu gewinnenden Producte.* ebend. 1789. St. 2. S. 126-131. *Einige Beobachtungen über den Pyrmonter Brodelbrunnen.* ebend. St. 11. S. 410-415. *Von einigen neuen Mineralquellen zu Pyrmont.* ebend. 1794. B. 2. – *Ueber die Gleichheit des Wermuthsalzes mit dem Weinsteinsalze;* in eben dess. Beytr. zu den chem. Annalen. B. 3. St. 3. (1788). *Etwas über einen neuen Schmerzstillenden Geist;* ebend. B. 5. St. 4. (1794). – *Pharmaceutische Bemerkungen*; in Baldingers neuem Magazin für Aerzte B. 9. St. 1. S. 76-82. (1787). Vier Abhandl. ebend. B. 13. St. 1. S. 36-45. (1791). *Etwas über Kohlenversuche.* Ebend. S. 82-84. – *Pharmaceutische Anmerkungen über das Pulverisiren der Eisenfeile*; in Elwerts Repertor. für Chemie, und Pharmacie und Arzneymittelkunde. B. 1. (1790). *Vorschlag den versüßten Quecksilbersublimat* von seinen noch *anhängenden Theilen ganz zu befreien.* ebend. *Regeln welche man als Conditionirender Apotheker zu beobachten hat.* ebend. – *Aufsätze im Taschenbuch für Scheidekünstler* und *Apotheker. Deutscher Caffee u. Thee, oder die zwey vorzüglichsten Mittel* den ausländischen *Kaffee* und *Thee* möglichst zu ersetzen. Hannov. In der Ritterschen Buchhandlung. 1798. *Deutschlands* allgemeines *Dispensa-torium* nach den neuesten *Entdeckungen u. Erfahrungen* in der *Pharmacie u. Pharmacologie.* 3 Bände. Erfurt bey Kayser. 1801-1804. *Archiv für* die *Pharmacie und ärztliche Naturkunde.* B. 1. 2. 3. Im Anfange mit Herrn Professor, dem nunmehrigen Bergrath *Schaub* im Verlage der Griesbachschen Buchhandlung in Cassel herausgegeben. Wird aber vom 2ten Stücke 2ten Bandes an von ihm allein fortgesetzt, im Verlage der Perthesschen Buchhandlung in Gotha. *Ueber ein Surrogat der Bettfedern. Ein Aufsatz in den neuen Schriften der Gesellschaft Naturforschenden Freunde Westphalens* B. 2. Berlin 1805. *Der erste Unterricht in der vorbereitenden Kräuterkunde für Anfänger in der Medicin, Pharmacie, Oeconomie und für andere Freunde der Botanik.* Auch unter dem Titel: *Lehrbuch der*

Fundamental-Botanik, bearbeitet für den Gebrauch zu Vorlesungen. Gotha, in der Ettingerschen Buchhandlung 1805. Kritische Betrachtungen über einige Begriffe in der Chemie und Pharmacie. Ein Einladungspro-gramm zu seinen Wintervorlesungen, Rint. 1805. Schreibt jetzt: Den Freymüthigen für Aerzte und Apotheker und anderer Freunde der Pharmacie, Pharmacologie und medi-cinischen Naturkunde, u. außer diesem 2ten Journale noch eine Experimental-Pharmacie zum Gebrauche zu Vorlesun-gen. Hat gestiftet: eine correspondirende Gesellschaft der Pharmacie und ärztlicher Naturkunde, die etwa seit 10 Jahren besteht; und *Sr. Exellenz Herrn Geheimen Staats-Minister und Ritter Waitz von Eschen* in Cassel zum *Präsidenten* hat."

[Die hier kursiv geschriebenen Teile des Textes sind im Original gesperrt gedruckt.]

Im „Repertorium der chemischen Litteratur von 494 vor Christi Geburt bis 1806 in chronologischer Ordnung aufgestellt von den Verfassern der Systematischen Beschreibung aller Gesundbrunnen und Bäder in und außer Europa", Zweyter Band, Jena und Leipzig 1811 (S. 393) ist zum Inhalt folgender Schrift Näheres zu erfahren:

„Ueber die neuesten Bereitungsarten der Arzneimittel und einigen andern Gegenständen der Medicin, Chymie und Pharmacie. Leipz. 8. (8 gr.) handelt in 1ten Abschnitt, 1) von der Bereitung des Mineralalkali nach G ö t t l i n g und Westrumb. 2) Von der Bereitung der Schwererde und des salzsauren Mittelsalzes nach W e s t r u m b. 3) Von der Bereitung des phosphorsauren Quecksilbers nach T r o m s d o r f. 4) Ueber die bisherige Reinigungsart der 3 Mineralsäuren. 2ter Abschnitt, 1) chemische Untersuchung des Meinberger muriatischen Bitterwassers, 2) über die Nothwendigkeit eines Apothekerbuchs für jeden Staat. 3. Ueber die Nothwendigkeit der Apothekerwissenschaft für den Arzt. Der 3te Abschnitt enthält Auszüge von Bistof, der 4te Critiquen elende Rezepte (…)."

1.1 Über die Autoren der Biographie

Friedrich Wilhelm STRIEDER (1739-1815) wurde als Sohn des Universitätsbuchdruckers Nicolaus Strieder und dessen Ehefrau Dorothee Elisabeth, geb. Hellermann (Tochter eines Buchdruckers aus Minden) in Rinteln geboren. Bereits mit dreizehn Jahre begann er ohne ausreichende Vorbildung 1752 ein Studium der Theologie an der Universität Rinteln. Von 1758 bis 1765 diente er als Soldat im hessischen Regiment Mansbach. Nach seinem Abschied erhielt er die Stelle eines Registrators an der Bibliothek in Kassel.

1786 wurde Strieder vom Landgrafen Wilhelm I. von Hessen-Kassel (1743-1821) zum Rat und wirklichen ersten Bibliothekar, 1788 zum Hofrat und Hofbibliothekar und 1790 auch zum Geheimen Kabinettsarchivar ernannte. Als epochales Hauptwerk wird Strieders *Grundlage zu einer Hessischen Gelehrten- und Schriftsteller-Geschichte, von der Reformationszeit bis 1806* bezeichnet, von dem er 15 Bände zwischen 1781 und 1806 selbst herausgab.

Der 18. Band, in dem sich die Biographie von Piepenbring befindet, erschien durch Karl Wilhelm JUSTI.

Karl Wilhelm JUSTI (1767-1846) wurde in Marburg geboren und wirkte dort zunächst als Pfarrer an Lutherischen Pfarrkirche St. Marien. 1793 wurde er ordentlicher Professor für Philosophie an der Universität Marburg und ab 1822 auch Professor für Theologie lutherischer Konfession.

Peter Florenz WEDDIGEN (1758-1809), als Dr. der Philosophie und Prediger zu Kleinenbremen bezeichnet, wurde als Sohn eines Leinenkaufmannes in Bielefeld geboren. Im „Lexikon westfälischer Autorinnen und Autoren 1750-1950" wird über ihn berichtet: Er studierte Theologie, Geschichte und Philosophie in Halle, promovierte dort zum Dr. phil. und war von 1778 bis 1781 Lehrer am Waisenhaus in Halle, danach Subkonrektor am Gymnasium in Bielefeld. 1793 wirkte er als Prediger in Bucholz (Minden), ab 1797 in Kleinenbremen. Einerseits stand er durch seine verlegerischen Arbeiten mit vielen Literaten und Publizisten des damaligen Westfalen in Verbindung – u.a. mit Justus Möser und Anton Friedrich Büsching – andererseits waren seine zahlreichen Magazin- und Kalenderprojekte, bei denen ihn seine Frau Charlotte Stohlmann wesentlich unterstützte, nur von kurzer Dauer. Weiter heißt es: „Weddigen, *ein Publizist, der zu den Streifragen der Zeit energisch Stellung nahm,* litt unter der geringen Resonanz auf seine Projekte…" – Sein Leben endete am 11. September 1809 durch Selbstmord.
Sein *Westphälischer National-Kalender, zum Nutzen und Vergnügen* erschien erstmals 1800.

2. Herkunft und Ausbildung

Über den Geburtsort, das *Dorf Horsten*, berichtet die Ortschronik u.a.:

Die Ansiedlung entstand vermutlich vor 800 n. Chr. in sächsischer Zeit im Verlaufe des *Hellweges* von Minden nach Hannover. In einer Urkunde des Bischofs Konrad von Minden von 1220 ist unter dem Namen *Hursten* eine Schenkung des Zehnten an das Mindener Martinsstift verzeichnet. Der Name mit der altsächsischen Silbe *hurst* bedeutet Gestrüpp oder Buschwald auf einer Erhöhung im Sumpf. An der Rodenberger Aue gelegen — im nicht mehr überfluteten Bereich mit fruchtbarem Lößboden — siedelten nicht nur Bauern.

Aus dem Jahr 1783 ist über die Bewohner bekannt, dass jeweils ein Krüger, Schmied, Schneider, Stellmacher, Schreiner, Schuhmacher sowie drei Tagelöhner und ein Erbschaftshalter im Ortskern ansässig waren. In herrschaftlichen Diensten standen ein Schulmeister, zwei Eidgeschworene und ein Dienstlader (mit der Funktion zu Hand- und Spanndiensten auf den herrschaftlichen Ländereien zu „laden").

Schulmeister war der Vater von Piepenbring.

2.1   Ausbildung in der Apotheke zu Rinteln

Die *Apotheke in Rinteln* war die damalige *Universitäts-Apotheke* und heutige *Engel-Apotheke* am Markt, die bereits 1619 als „königlich-privilegierte Apotheke" gegründet wurde. Rats- und Universitäts-apotheker war zu dieser Zeit Justus Friedrich MEINE (1750-1782). Seine Witwe verpachtete die Apotheke nach dem Tod ihres Mannes 1782 an den Universitätsapotheker Johann Hermann <u>Victor</u> BROCKMANN (1759-1797). Beide Apotheker dürfte Piepenbring als *Prinzipale* erlebt haben, bis er 1783 Rinteln verließ. Der Wechsel dürfte auch Einfluss auf die so negativ geschilderte Ausbildung gehabt haben. In der Apotheke könnte der Lehrling Piepenbring auch den seit 1774 als 2. o. Professor der Medizin wirkenden Ludwig Philipp SCHRÖTER (1746-1800) kennengelernt haben, der ihn später finanziell und uneigennützig bei seinem Studium in Marburg unterstützte. Schröter hatte Kontakt zum Apotheker Brockmann und führte im Labor der Apotheke auch seine Analysen des Nenndorfer Schwefelwassers durch – s. in SCHWEDT (Kap. 7).

2.2   In der Hof-Apotheke zu Pyrmont

Sie wurde 1765 durch den Hofapotheker Johann Friedrich KRÜGER aus Arolsen gegründet und befand sich am linken oberen Ende der Hauptallee, wo heute das Haus Ockel (Brunnenplatz 1) steht. Um 1800 wurde sie in das heutige Gebäude – als *Alte Hof-Apotheke* – in die Brunnenstraße 44 verlegt.

Aus der bei STRIEDER genannten Quelle zur Biographie geht hervor, dass der zur Zeit von Piepenbring tätige Hof-Apotheker Krüger der Vater des auch von Goethe 1801 als junger Mann bezeichneten Hofapothekers gewesen sein muss – denn bei WEDDINGEN heißt es für das Jahr 1806, dass dieser bereits vor einigen Jahren verstorben sei. Es handelte sich um den aus Arolsen stammenden Apotheker Johann Dietrich KRÜGER, welcher die Hof-Apotheke in Pyrmont 1765 gründete.

Der in Piepenbrings Biographie genannte Arzt Marcard, der ihn von seiner Erkrankung infolge Überarbeitung heilte, war der Brunnenarzt Heinrich Matthias MARCARD (1747-1817), Hofmedicus in Hannover. 1784 veröffentlichte er seine „Beschreibung von Pyrmont" (Erster Band), in der er zur Apotheke schrieb:

Es ist eine wol eingerichtete Apotheke ganz nahe bey dem Brunnen, damit es denen, die ausser dem Wasser auch anderer Arzneyen bedürfen, hieran nicht fehlen möge...

Im selben Absatz ist weiter zu lesen:

...Der hiesige Buchladen enthält immer eine Auswahl älterer und zumal der neuesten Schriften, und trägt ncht wenig zum Vergnügen der Fremden bey; man findet immer die größte Bereitwilligkeit auch alte Bücher, wenn sie nicht schon da sind, in wenigen Tagen den Liebhabern zu verschaffen.

HEINRICH MATTHIAS
MARCARD
Herzogl. Holst. Bischöfl. Lübeck'scher
Leibarzt in Oldenburg

Heinrich Matthias MARCARD wurde als Sohn des Landphysikus am 18. November 1747 in Walsrode geboren, besuchte in Stade das Gymnasium und studierte Medizin in Göttingen, wo er 1771 zum Dr. med. promovierte. Er praktizierte zunächst in Stade, unternahm 1773 eine längere Reise durch England und ließ sich 1774 in Hannover nieder, wo er als geschickter Arzt bekannt wurde. 1775 wurde er vom Fürsten von Waldeck-Pyrmont, Friedrich Karl August (1743-1812), aufgefordert, in den Sommermonate in Pyrmont zu praktizieren. Ab 1776 wirkte er bis zu seinem Tod jeweils für die drei Monate der Hauptkurzeit in Pyrmont. Zwistigkeiten in Hannover, später wohl auch in Pyrmont mit dem dort tätigen Brunnenarzt Trampel (ab 1793 in Pyrmont; s. weiter unten), die A. Seip von Engelbrecht in „Hannoversche Geschichtsblätter" (Neue Folge fünfter Band, S. 158-165, 1938/39) ausführlich beschrieben werden, führten zum Weggang aus Hannover nach Oldenburg im Sommer 1787 als Leibmedicus des Herzogs (damals Regent ab 1777 Peter I. Friedrich Ludwig (1755-1829), später Großherzog). 1809 kehrte

Marcard nach Hannover zurück und wurde vom Fürsten von Waldeck zum Geheimen Rat und Chef der gesamten Badeverwaltung in Pyrmont ernannt. Er starb am 16. März 1817 in Hannover. Marcard gehörte im Sommer 1801 auch zu den engeren Gesellschaft Goethes während dessen Badeaufenthalt in Pyrmont.

In der Hofapotheke muss Piepenbring nach dem Studium in Marburg, bevor er nach Meinberg ging, noch einmal in der Funktion als Provisor tätig gewesen sein, wie sich aus einem Dokument aus dem hessischen Landesarchiv Marburg (s. folgendes Kapitel) ergibt. Der Sohn des Apothekers Krüger, Friedrich Krüger (1774-1843), Goethe lernte ihn 1801 bei seinem Kuraufenthalt in Pyrmont kennen und schrieb seinen Namen im Tagebuch mit „C" – der spätere Medizinalrat und Hofapotheker – war zur Zeit von Georg Heinrich Piepenbring erst 18 Jahre alt. Möglicherweise war Piepenbring deshalb 1792/93 noch einmal von Marburg nach Pyrmont zurückgekehrt.

Wenn nicht alles täuscht, so wendet sich Georg Friedrich PIEPENBRING in seiner folgenden ersten Schrift im hier wiedergegebenen Vorwort an seine spätere Frau – an *Henriette (Rebekka) Marie GÖSLING,* wofür die Buchstaben H – M – G und der erste Buchstabe P für Pyrmont stehen. Der Name GÖSLING ist mit einer alten Pyrmonter Familie verbunden, die im 18. und 19. Jahrhundert die Postmeister gestellt hat.

Oeconomische
Nützlichkeiten
Vortheile und Wahrheiten
für
Naturkunde, Landwirthschaft
und Haushaltungen

von
Georg Heinrich Piepenbring.

———————

Erstes Bändchen.

———————

Trachtet nach dem, das droben ist.

———————

Göttingen,
bei Johann Christian Dieterich.
1790

Der
Mademoisell
H. M. G***.
in
P — *
als ein Zeichen der Hochachtung und
Freundschaft gewidmet
von
dem
Verfasser.

Hochzuverehrende Mademoisell!
Sehr werth geschätzte Freundinn!

Ohne den Vorgang in Ihrem Herzen noch jeden sich entwickelnden Gedanken zu wissen, bringt es schon der Gegenstand mit sich, daß ich es behaupten kann, daß Sie sich bey dem Empfang dieser Blätter wundern werden, wie ich dazu gekommen sey, Ihnen solche gerade zu zueignen, ohne vorher um Erlaubniß dazu gebeten, noch viel weniger etwas davon gesagt zu haben. Freylich hätte ich wohl, als ich das letzte Mal die Ehre hatte in Ihrer Gesellschaft zu seyn, etwas davon erwähnen können. Allein wenn das geschah, dann mußte ich riskiren, daß Sie sich mein Vornehmen verbaten, und dann hätte ich meinen Plan nicht so ausführen können, wie ich mich, ihn ein Mahl auszuführen, entschloß. Daher war es erforderlich, damit zu schweigen.

Was mich bewogen hat, Ihnen diese Schrift zu dediciren, davon will ich sogleich Rechenschaft geben, und diese dann Ihrem Urtheil überlassen, ob ich meines Unternehmens wegen um gütige Nachsicht zu bitten brauche oder nicht. Werthschätzung überhaupt, die jedes Frauen-zimmer verdient, welches auf Talente Ansprüche zu machen hat; Ihre gute Denkungsart u. s. f., welches alles das Gepräge des rechtschaffensten Characters an der Stirne trägt; Ihre Freundschaft, die Sie mir, als ich sie vor ein Paar Jahren suchte, weil ich Ihr Herz würdig fand in das meinige aufgenommen zu werden, nicht versagten, sondern sie mir sofort schenkten, und mir hiermit bisher manchen freudigen Augenblick, auch in der Abwesenheit manches vergnügtes Andenken verursachten, ist es, was die Triebfeder zu gegenwärtigem Unternehmen war, was mich beweg Ihnen auf der einen Seite meine Dankbarkeit, und auf der andern meine Achtung unverhofft zu erkennen zu geben.

Das einzigste was Sie mir diesem zu Folge hoffentlich nur zur Last legen können, besteht darin: daß ich keinen Ihrer Nahmen habe völlig abdrucken lassen. Beym Niedersetzen dieser Rede fiel mit ein, daß es Ihnen vielleicht aus mancher Rücksicht verschiedener Ihrer Comilitionen wegen gar nicht angenehm gewesen wäre, wenn ich sie durch den Abdruck ganz ausgesprochen hätte. Weil ich also dieß befürchtete, so war Verschwiegenheit sogleich das Loß, und das erforderte die Bescheidenheit.

Nach diesen Aeußerungen darf ich also hoffen, daß ich, so bald es Zeit und Geschäfte erlauben, frey vor Ihnen werde treten können, ohne eine Veränderung im Gesichte befürchten zu müssen.

Die aufrichtigste, wohlmeinendste Denkungsart liegt hier jedem geäußerten Gedanken zum Grunde, und fürchte mich nicht, wenn Sie mich vor Ihren Richterstuhl fordern sollten, Beweise davon zu geben.

Froh nun! über das mich hierdurch gemachte unvergeßliche Andenken, wenn ich ein Mahl die Ihrige mir immer so schätzbare Gegenwart verlasse, und froh über die Verbindlichkeit die hierdurch zwischen uns auf immer getroffen ist, um keine unser beyderseitigen Freundschaft aus den Augen setzen zu können, wenn gleich Ungestüme sie zu scheitern suchen sollten, bitte ich diese Schrift, meine Erstlingsarbeit dieses Fachs, zum Beweise meiner Hochachtung anzunehmen, und sich dabey überzeugt zu halten, daß Ihnen stets verehret

Ihr

getreuester Freund
G. H. Piepenbring

3. Zur Promotion an der Universität Erfurt
zum Dr. med. – nach dem Studium in Marburg

Ansicht von Erfurt um 1740

Der Titel der als Dissertation angenommenen Arbeit von Piepenbring lautete:
„Abhandlung über die Luftsäure, nebst zwei anderen Aufsätzen, zur Erlangung der medizinischen Doktorwürde, bei Gelegenheit des vierhundertjährigen Jubiläi der Universität zu Erfurt, den 17. September 1792"

In der Universitätsbibliothek Leipzig, Sammlung Baedeker (Sign. NL 263/269) befindet sich ein Brief von Georg Heinrich Piepenbring an einen unbekannten Adressaten, in dem er darum bittet, entgegen den Statuten der Universität Erfurt in seinem Fall eine Ausnahme zu machen, und ihm die Promotion in Absentia zu gewähren, wozu er auf einige Argumente aufführt.
(Marburg 5.9.1792 – 2 Bl. (3 hs. S.)

Zur Vorgeschichte:
In der Universität Marburg existiert ein Matrikeleintrag vom 15. Oktober 1791, dass sich der Apotheker Georg Heinrich Piepenbring eingeschrieben habe. Im Hessischen Staatsarchiv Marburg (HStAM Best. 5 Nr. 4084) ist ein Gesuch des Provisors der Apotheke in Pyrmont vorhanden, in welchem dieser „um einen Freitisch und ein Stipendium in Marburg (bittet) sowie (nach seiner Promotion zum

24

Dr. med.) um Übertragung einer Professur der Pharmazie an der dortigen Universität".

Ansicht von Marburg um 1800

Mit dem Gesuch auf einer Professur der Pharmazie war offensichtlich das Ziel verfolgt worden, für Apotheker ein einjähriges Studium der Pharmazie an der Universität Marburg einzurichten – jedoch wurde dieses Gesuch abgelehnt, so dass ihm auch die Promotion nur an einer anderen Universität möglich wurde.

Über die Promotionspraxis im 19. Jahrundert ist bekannt (in A. Helmstädter, A.-S. Sakka, Ch. Friedrich, Pharm. Ztg. vom 16.6.2016, S. 47-48), dass Apotheker oft für eine mündliche Prüfung von ihrer Apotheke unabkömmlich waren und daher *in absentia* promoviert wurden. Promotionsgebühren mussten auf jeden Fall gezahlt werden, und als wissenschaftliche Leistung „reichte dann eine bereits veröffentlichte Publikation, ein verfasstes Buch…", was bei Piepenbring ja in größerem Ausmaße vorhanden war.

Die *Universität Erfurt* wurde im Frühjahr 1392 eröffnet, nachdem die Stadt vom römischen Papst Urban VI. am 4. Mai 1389 eine Universitätsstiftungsbulle erhalten hatte. Zu Beginn des 19. Jahrhunderts ereilte sie das gleiche Schicksal wie die Universität Rinteln. Nach dem Übergang von Erfurt an Preußen (1802) wurde sie am 12. November 1816 aufgehoben.

Zur Zeit der Promotion von Piepenbring war der an der Universität lehrende Wilhelm Bernhard Trommsdorff (1738-1782) bereits verstorben und dessen Sohn Johann Bartholomäus Trommsdorff (1770-1837) begann erst 1795 seine Lehrtätigkeit als Professor an der Medizinischen Fakultät.

4.   Apotheker in Meinberg und Karlshafen

In der Dissertation zum Thema „Geschichte des Apothekenwesens der Grafschaft und des Fürstentums Lippe von den Anfängen bis zum Jahre 1918" von Hartmut Meyer-v. Froreich (Marburg 1979) wird über die Apotheke in Meinberg zur Folgendes berichtet:

„Nach der Entlassung von Landphysikus Trampel aus dem lippischen Staatsdienst wurde auch eine Verlegung der Apotheke notwendig, die sich bis zu diesem Zeitpunkt in Trampels Haus befunden hatte. Dies nahm die Rentkammer zum Anlaß, die Apotheke auszubauen und auf eigene Rechnung durch einen angestellten Apotheker verwalten zu lassen. Hierfür verpflichtete sie Dr. G. H. Piepenbring, der für ein Gehalt von 150 Tlr. der Apotheke vorstand. Obwohl die Medizinal-Ordnung von 1789 das Apothekenwesen umfassend regelte, wurde Piepenbring weitergehenden Auflagen unterworfen, die im Februar 1794 in 22 Paragraphen als ‚Instructionen' ergingen. Darin wurde er, abweichend von der Medizinal-Ordnung, verpflichtet, ein Einkaufsbuch für Apothekerwaren zu führen (§2), alle Arzneimittel der noch zu erstellenden ‚Nomenclatura pharmacopoea Meinbergensia' vorrätig zu halten (§3), die Rezepte grundsätzlich selbst zuzubereiten (§6) und ‚alle zusammengesetzte, zubereitete, galenische oder chemische Arzneien mit der pünctlichsten Genauigkeit selbst verfertigen' (§15), obwohl seine Offizin den ‚kleinen' Apotheken des Landes gleichgestellt wurde (§9), die ‚die Composita' bei den ‚Haupt-Apotheken' einkaufen mußten. Für die Berechnung aller Arzneimittel sollte ihm eine spezielle Taxe zur Verfügung gestellt werden (§17), ‚so oft es nötig zu seyn scheinet', sollten Visitationen durchgeführt werden (§19).

> ‚So haben wir demselben auf die bevorstehende
> dreijährige Administrations Zeit jährlich ein fixes
> Gehalt von 150 Rthlr., quartaliter zu 37 Rthlr. 18 gr.
> aus der Landrentei vom Anfang dieses Jahres an,
> zahlbar, ausser der freien Wohnung und des freien
> Holzes gnädigste bewilligt.'

Piepenbring wurde im März 1794 auf die Einhaltung der ‚Instructionen' verpflichtet.

Die Rentkammer erneuerte den Vertrag zweimal. Da der Umsatz klein blieb, sollte die Apotheke von 1803 an nur noch während der Kursaison geöffnet bleiben. Dieses war für Piepenbring mit finanziellen Einbußen verbunden und veranlaßte ihn deshalb schon 1802 zur Kündigung. Ab 1803 blieb die Brunnenapotheke Saisonapotheke."

In seiner „Beschreibung der Meinberger Mineralquellen" (1778) berichtete Johann Erhard Trampel auch über den Brunnenplatz, wie er wohl auch noch zur Zeit des Apothekers Piepenbring ausgesehen hat:

„§. 96.

Der Brunnenplatz stellet ein Viereck vor, dessen Mittelpunct die Mineralquellen ausmachen. Ueber dem Trinkbrunnen ist ein sehr schön achteckig Haus gebauet. Jede Linie des Hauses hat sein Fenster, und jedes Fenster seine besondere und eigene Allee, dreihundert Schritte lang. Die eine Allee ist mit Lindenbäumen bepflanzet, die andere mit Hecken, die dritte mit Castanienbäumen, und so sind sie rings um das Brunnenhaus herum angebracht. Alle Alleen zusammengenommen stellen einen Stern vor, welcher mit einer großen und weitläufrigen Heckenallee eingefaßt ist. In den vier Ecken dieser Heckenallee stehen vier große steinerne Statuen, und in den Anfängen der Nebenalleen stehen etwas kleinere. Diejenigen also, die sich in den Alleen bewegen wollen, haben nicht nur den ganzen Brunnenplatz, auf welchem auch acht Statuen herumgestellt sind, zu ihrem beständigen Gesichtspunct, sondern sie bekommen noch außerdem so oft einen neuen Gegenstand zu sehen, so oft sie eine Allee zu Ende gebracht haben, und diese Abwechselung gereicht dem Spazierengehenden zum wahren und immerwährenden Vergnügen.

§. 97.

In der Mitte des Brunnenplatzes stehen drey Brunnenhäuser in einer Linie. Das mittelste stellt einen Thurm von drey Etagen vor, und ist über den Trinkquellen aufgebaut. Die zwey darneben stehenden Häuser aber sind niedriger, und über

28

denjenigen Quellen gebaut, welche zum Baden gebraucht werden. Alle diese drey Häuser sind wohlgebauet und sehen sehr schön aus.

§. 98.

In einer gewissen Entfernung von den Brunnenhäusern, steht ein großer Saal von 90 Fuß lang und 30 Fuß breit, in welchem die Curgäste bey üblem Wetter spazieren können. Außer diesem Saal aber, sind noch drey verschiedene kleinere Häuser aufgebaut, wovon das eine zum Billard, das andere zum Lazaret, das dritte aber zum Verkauf allerhand Waaren, eingerichtet ist.

§. 99.

Außer diesen Gebäuden sieht man noch ein besonderes Haus, in welchem die Curgäste bequem logiren können. Dieses Haus stellet zwey Flügel vor, in deren Mitte ein Saal angebracht ist, auf welchem ordinair die Gäste zu speisen pflegen. Das Haus selbst besteht aus vier Etagen, und jeder Flügel ist, außer dem Saal, achtzig Fuß lang und vierzig Fuß breit. In dem Souterrain sind die Küchen und Keller angebracht. Die hierauf folgende zweyte Etage, enthält ein großes Zimmer zum catholischen Gottesdienst, die **Apothecke** und die übrigen Zimmer sind zum Baden bestimmt. Alle andere aber ingesamt, die in der dritten und vierten Etage befindlich sind, werden zum logiren der Curgäste allein gebraucht. In allem enthälten diese zwey Flügel 52 wohnbare und gute Zimmer.“

Ausschnitt der Ansicht von Meinberg (von Norden) – mit
Brunnenhaus und den beschriebenen Gebäuden

In der Schrift „Berichte vom Meinberger Brunnen im Lande Lippe"
(1967) wird nach der Entlassung des Arztes Trampel über den neuen
Brunnenarzt Johann Christian Friedrich SCHERF (Ilmenau 1750-1818
Meinberg) berichtet sowie als 2. Brunnenarzt Rat Ziegler genannt
und daran anschließend heißt es:
„Als Dritter zu diesen beiden trat in ihrer Sorge um das Bad der
Apotheker Dr. Piepenbring, der mit seinem 1794 veröffentlichten
Artikel: ‚Etwas über die Flocken in dem Meinberger muriatischen
Bitterwasser ehemals Salzbrunn genannt', eine scharfe
Auseinandersetzung mit dem Pyrmonter Salzinspektor Weber,
hinter dem ohne Zweifel Dr. Trampel stand, herbeiführte...." (s.
entsprechendes Kapitel)

Intermezzo in Karlshafen

Die älteste Apotheke in Karlshafen ist die Rosenapotheke, Invalidenstr. 4 von 1750. Sie wurde als Löwenapotheke gegründet. Der Name *Buhlert* wird im Landgräflich hessischen Staatskalender in Karlhafen von 1794 bis 1800 genannt. 1804 lautet die Eintragung: „Apotheker: Apotheke Wilhelm Buhlerts Erb. U. deren Pächter, Apotheker Dr. Geo. Heinr. Piepenbring".

Im Niedersächsischen Landesarchiv Oldenburg ist zwei Akten vorhanden, die folgenden Inhalt (Titel) haben – unter „Apotheken im Kreis Cloppenburg":

„Fasc. 1 ... Gesuch des Apothekers Leopold Buhlert zu Cloppenburg um Konzesion zur Anlegung einer zweiten Apotheke in Cloppenburg 1814"

und

„Fasc. 3 ... Apotheke zu Friesoyth, u. a. Konzession für den Apotheker Leopold Buhlert aus Karlshafen zur Anlegung einer Apotheke in Friesoyte und Übernahme der Apotheke von der Witwe Buhlert durch den Pharmazeuten Friedrich Pancratz" (Laufzeit 1816-1862)

Die letztere Akte belegt, dass offensichtlich die Familie Buhlert aus Karlhafen in den Kreis Cloppenburg übergesiedelt ist, nachdem der Apotheker Wilhelm Buhlert verstorben war.

Der Name *Buhlert* ist im „Ortssippenbuch Karlshafen. Die Einwohnerschaft von 1699-1945" von Klaus Kunze (Uslar 2007) auf den Seiten 88 und 235 zu finden.

5. Zur Berufung an die Universität Marburg bzw. Rinteln

Den Lehrstuhl für Chemie, verbunden mit der Leitung des Chemischen Laboratoriums, erhielt Ferdinand WURZER (1765-1844), der bereits eine Professur an der Maxischen Akademie, der ersten Bonner Universität von 1793 bis 1797 innegehabt hatte. Wurzer war durch seine Veröffentlichung über die „Physikalisch-Chemische Beschreibung der Mineralquelle zu Godesberg bey Bonn" (1790) bekannt geworden. (s. in G. Schwedt, Ferdinand Wurzer und die Gründung des Godesberger Gesundbrunnens", Bonn-Bad Godesberg 2015).

In seinem Lehrbuch
„Der erste Unterricht in der vorbereitenden Kräuterkunde für Anfänger in der Medicin, Pharmacie, Ökonomie und für andere Freunde der Botanik" (Gotha: Ettinger **1805**) nennt er sich auf der Titelseite:

„D. Georg Heinrich Piepenbring
Professor der Pharmacie und Chemie auf der Universität
zu Marburg, Director der korrespondirenden Gesellschaft
der Pharmacie und ärztlichen Naturkunde in Cassel
und mehrerer gelehrten Gesellschaften Mitgliede.

Das bedeutet doch, dass Piepenbring zunächst zum Professor der Universität Marburg ernannt wurde – und zwar als Nachfolger von Conrad MOENCH (1744-1805), der am 6 Januar 1805 verstorben war. (In der Einleitung ist jedoch noch zu lesen: „Carlshafen, unweit Cassel, im August 1803".)

Moench hatte in Marburg 1781 zum Dr. med. promoviert, war dann zunächst Professor für Botanik am Collegium Carolinum in Kassel, ab 1786 o. Professor für Botanik der Medizinischen Fakultät der Universität Marburg und ab 1788 bis 1800 auch o. Professor für Mineralogie in der Philosophischen Fakultät. Ab 1795 nahm er zugleich das Amt des Aufsehers über das neugegründete chemische Laboratorium wahr. Moench war zunächst Apotheker gewesen. Er lernte ab 1756 in Einhorn-Apotheke seines Vaters, war 1764 in der Rats-Apotheke in Hannover, dann in Bern und in Straßburg als Geselle tätig, bevor er 1772 die väterliche Apotheke übernahm.

Diese Berufungsgeschichte würde eine genauere Untersuchung anhand von Archivalien bzw. Akten erforderlich machen.

Christoph MEINEL schrieb in „Die Chemie an der Universität Marburg seit Beginn des 19. Jahrhunderts" Marburg 1978) zur Berufung von Wurzer:

„Wurzer war ein bekannter und angesehener Mann, als er an die kleine kurhessische Universität kam, wo er am 19. April 1805 zum Professor ernannt wurde..." –

Der Name Piepenbring wird nicht erwähnt, der am 26 April 1805 Professor der Chemie und Pharmazie an der Universität Rinteln wurde.

Im Hessischen Staatsarchiv in Marburg befindet sich dazu zwei Akten

1. „Personalia, insb. Der Professoren an der Universität Marburg: Piepenbring, Georg Heinrich 1804-1805, enthält u.a. Gesuch um Übertagung der Professur für Chemie (Nachfolge Konrad Mönch), 1805 (HSTAM Bestand 5 Nr. 20262)

2 „Gesuch des als Professor für Chemie und Pharmazie an die Universität Marburg berufenen Georg Heinrich Piepenbring zu Rinteln um Auszahlung seiner Besoldung" . (HSTAM Bestand 40 a, Rubr. 04 Nr. 11000), womit sich erste Hinweise zur Frage der Berufung ergeben.

6. PIEPENBRINGS SCHRIFTEN

6.1 REZENSIONEN zu ausgewählten WERKEN

1797
Aus:
Neue allgemeine Bibliothek. Zweyte Abtheilung, Kiel 1797.
S. 137-

„Ueber die Schädlichkeit der Bleyglasur der gewöhnlichen Töpferwaaren, nebst Anweisung und rechtem Gebrauche eines andern, bessern, dauerhaftern, und gar nicht schädlichen Küchengeschirrs. Von Georg Heinrich Piepenbring, Doctor und Apotheker zu Meinberg und Mitglied mehrerer gelehrten Gesellschaften. Lemgo in der Meyerschen Buchhandlung. 1794. 39 Seiten in 8.

Diese Schrift zerfällt in zwey Abschnitte – der ersteren über die Schädlichkeit der Bleyglasur der gewöhnlichen Töpferwaare – der zeyte Anweisung und rechter Gebrauch eines andern, bessern, dauerhaftern, und gar nicht schädlichen Küchengeschirres. Im ersten Abschnitte bemühet sich der V. dem Hofr. Ebell in Hannover nachzubeten, und bey verschiedenen Gelegenheiten, Bley-Coliken gesehen zu haben – was er da von dem Genusse der Zwetschen, so in irdenen Töpfen gekocht worden, sagt, hätte weitläufiger und gründlicher untersucht werden müssen, denn eine oder zwey Erfahrungen sind dem rationellen Arzte noch nicht hinlänglich, Schlüsse daraus zu ziehen. Hätte Herr Piepenbring die vortrefflichen Versuche des Herrn Westrumb's, so in dem Hannöverschen Magazin 1794 befindlich sind, vorher gelesen, so würde er keineswegs S. 16 ausrufen: „weg mit der der giftigen irdenen Töpferwaare! wir wollen unsere Gesundheit nicht durch sie zerstören, wenn wir sie doch haben, und wenn sie uns schon fehlt, dadurch noch mehr untergraben etc."
    Im zweyten Abschnitte räth er dem gemeinen Manne an, das Obst und andere säuerische Früchte und Brühen in eisernen Geschirren zu kochen und zu bereiten, und wenn diese Speisen

auch bisweilen braun oder schwärzlich würden – (S. 25) heist es: „Der Bauer kehrt sich nicht daran; er ißt sie demungeachtet – befindet sich ganz wohl dabey, lacht, scherzt, ist munter, froh, und hat seine gesunde rothe Gesichtsfarbe, unterdessen viele von den Vornehmern tausend und tausend Runzeln falten, mißlaunigt sind, über Krämpfe, Bleykolik??? Uebelkeit, Trockniß im Halse und Munde, Leibschmerzen u. s. w. klagen, und im Gesichte als Kalk an der Wand aussehen…"

Er schlägt daher vor das Obst und säuerlichen Früchte in einer Schaale von englischem Steingute, welche in eine Sandkapelle gesetzt ist, zu kochen, und auf diesem Wege bereitet, könne man als dann viel sicherer genießen – Rec. hat nichts dagegen, glaubt aber, daß dies nur in dem Apothekenlaboratorium des Herrn P. angehen möchte, und daß diese Weitläufigkeit gewiß wenig Nachahmer finden werde. Außerdem ist Rec. überzeugt, daß Hr. P. besser gethan, wenn er die hier aufgetischten Einfälle unterdrückt hätte, denn es ist doch nicht das mindeste Neue, und für das Beste des Publikums abzweckende Brauchbare, in selbigen enthalten.

AH."

Anmerkung:
Die sogenannten „Bleilässigkeit" aus meist außereuropäischen Töpferwaren war nun in der zweiten Hälfte eine zu prüfende Aufgabe der Chemischen Untersuchungsämter in Deutschland, der der Autor dieses Buches selbst durchgeführt hat.

1798
Die „Medicinisch-chirurgische Zeitung" (Hrsg. Johann Jacob Hartenkeil), „Zweyter Ergänzungsband. 1790-1800.", Band 211, Salzburg 1798 (S. 428-429) ist über Piepenbrings Schrift zu Kaffee und Tee zu lesen:
„Hannover in der Administration der Ritscherschen Buchhandlung:
Teutscher Caffe und Thee, oder die zwey vorzüglichsten Mittel, den ausländischen Caffee und Thee möglichst zu ersetzen. Von Dr. Georg Heinrich Piepenbring. 1798. 60 Seit. in 8vo.

Den Zweck dieser Bogen gibt der Titel schon hinlänglich an. Hr. P. empfiehlt hier Statt der immer mehr Beyfall findenden Cichorienwurzel, die Runkelrüben (Beta cicla) auch Burggunderrüben, Rummelrüben, Dickrüben genannt, als ein gutes Substitut des Caffees, das in Rücksicht seines angenehmen und reinen Geschmacks dem wahren Caffee am nächst kommt, und lehrt zugleich den Anbau, das Rösten und die Zubereitung dieser Rüben. Des Verf. Absicht bey dieser Empfehlung ist allerdings lobenswerth; allein schwerlich werden die Runkelrüben die Cichorienwurzeln verdrängen, die die drey Haupterfordernisse eines populären Getränks: Wohlfeilheit, guten Geschmack und leicht Bereitungsart, in höherm Grade besitzen, als die Runkelrüben, deren Bereitungsart besonders, wie Hr. P. selbst sagt, und Rec. von einem erfahrnen Kenner versichert wurde, mit mehr Schwierigkeiten verbunden ist. Schwerlich werden sich auch von den Runkelrüben Fabriken anlegen lassen, indem, wie Hr. P. bemerkt, es nicht gut ist, zu viel davon auf einmahl zu brennen und zu mahlen, weil sie durch das Alter ihre Güte verlieren, und alsdann einen weit weniger angenehmen Geschmack geben. – Auch vom Thee will der Verf. ein neues Ersatzmittel substituiren, nämlich die Blätter des Himbeerstrauchs (Rubus idaeus *L.*), die ihm unter allen Gewächstheilen dem ausländischen Thee am nächsten zu kommen scheinen. Er hat ihn selbst versucht, setzte ihn auch andern vor, und jeder trank ihn, ohne sich davor zu hüthen, daß er von einem innländischen Naturprodukte verfertigt war. Es folgt noch eine nähere Anweisung, die Blätter vom Himbeerstrauche zu sammeln und zu trocknen, nebst einer Aufforderung, diesen deutschen Theestrauch in Gärten mehr anzupflanzen. In wiefern nun aber dieser neue Thee sein Glück zu machen hoffen darf, wird vom Geschmack des Publikums abhängen, dem er allerdings empfohlen zu werden verdient. Nun wünscht Rec., daß sich die Göttin der Mode Hn. P. deutschen Gesundheitsstrauches annehmen möge; denn ohne deren Protection werden alle noch so gut gemeinte Empfehlungen wenig helfen."

Zu diesem Thema *Kaffeesurrogat* existiert eine Akte im Bestand des Hessischen Staatsarchivs in Marburg - zur

„Anlegung eines chemischen Laboratoriums und einer Kaffeesurrogatfabrik durch den Dr. Piepenbring 1801".
Das Vorhaben ist aber offensichtlich nicht verwirklicht worden.

Zum Thema *Kaffeesurrogat*:
Noch 70 Jahre später wurde das Produkt Kaffeesurrogat in einem verbreiteten „Waaren-Lexikon" (Neuestes Waaren-Lexikon für Handel und Industrie, von Klemens Merck, Leipzig 1870) ausführlich beschrieben, woraus ein Ausschnitt zitiert wird:
„(...) Die für uns in Betracht kommenden Surrogate sind i n l ä n d i s c h e Pflanzenstoffe, da ja hauptsächlich Wohlfeilheit angestrebt werden muß, und man hat eine beträchtliche Anzahl von Pflanzenstoffen, theils Wurzeln, theils Früchte und Samen herbeigezogen, die, wenn sie geröstet und gemahlen sind, Aufgüsse geben, welche wenigstens in der Farbe, in der Bitterkeit, auch zum Theil, infolge der entstandenen Röstproducte, in den Wirkung auf den Körper dem echten Kaffee ähnlich sind, freilich ohne daß ein einziges ihn ganz zu vertreten vermöchte. In der weitesten Ausdehnung dient die C i c h o r i e (...), die sich ja zu einem wirklichen Fabrik- und Handels-, selbst Exportartikel emporgearbeitet hat, zur Versetzung des Kaffees, und es giebt selbst nicht wenig Leute, die darauf bestehen, daß in guten Kaffee etwas Chichorie nothwendig hineingehöre. Möhren, Runkelrüben [*s. Piepenbring oben!*], Scorzoneren [Schwarzwurzeln] u. s. w. werden ebenso wie die Cichorien behandelt und benutzt und die käufliche Cichorie ist wohl selten ganz frei von Rüben- und Möhrenzusatz. (...)"

1798
Aus:
Oberdeutsche, allgemeine Litteraturzeitung, Band 15, St. VI. vom 12ten Jäner 1798 – S. 564:
„**Deutsches, systematisches Apothekerbuch** ausgewählter Arzneymittel nach den heutigen Kenntnissen in der Pharmacologie und Pharmacie bearbeitet ffür angehende Aerzte, Wundärzte und

Apotheker, von D. Georg Heinrich Piepenbring. Erster Band. Erfurt, bey G. A. Keyser. 1796. S. 636. Zweyter Band. Mit 1 Kupfer, 1767. S. 494 in 8.

Dies ist die zweyte umgearbeitete Auflage von des Verfassers *Pharmacia selecta*, oder Auswahl der besten und wirksamsten Arzeneymittel, welche 1791 erschien. Von verschiedenen Kritikern ist der Verfasser ziemlich hart hergenommen worden, welches er auch in der Vorrede zu dieser zweyten Ausgabe anführt. Rec. ist zwar ganz und gar nicht der Meinung, daß Hr. P. mit dieser neuen Auflage ein ganz vollkommenes, allen Forderungen genugthuendes Werk geliefert habe; sonder glaubt vielmehr, daß manche Stelle seines Buches die Prüfung und Untersuchung eines Kunstrichters gar nicht aushalten möchte. Unterdessen muß man doch auch bekennen, daß der Verfasser auf die Umarbeitung dieser Auflage viel mehr Fleiß, als auf die erste Auflage verwendet habe; daß er weit vollständiger und bestimmter in seinen Angaben u. s. w., wenn er gleich manchmahl, besonders im Therapeutischen, einen Fehltritt thut. Da es der Raum dieser Blätter nicht gestattet, weitläufiger das Werk des Hrn. Piepenbring, welches auch ohnedem schon dem Publikum bekannt ist, durchzugehen und zu prüfen, so begnügt sich Re. mit dieser Anzeige, welcher er noch beyfügt, daß diese neue Auflage für Anfänger der Arzneywissenschaft, für Wundärzte und Apotheker viel brauchbarer geworden seyn, und daß es hin und wieder wohl manchen Nutzen stiften könne.

D. S. G."

Aus der VORREDE zur zweyten Auflage:
„Wenn der Abgang einer Schrift die Güte derselben bewiese: so könnte man behaupten, daß der e r s t e B a n d d e r e r s t e n A u f l a g e meiner Pharmacia selecta mit zu den besten Schriften gehöre. Allein manche Herren Rezensenten sind oft darüber anderer Meynung, über die ich mich indeß hier nicht einlassen mag, so wenig wi ich auf die mancherley, mit unter hämische, ungesittete Kritikn, von zum Theil als tadel- und zanksüchtig bekannten Männern, die schon die Achtung des geehrten Publikums verloren haben, etwas zu

erwiedern Beruf finde, um nicht ihre Galle und beißende Feder von
neuem zu reizen.
(...)"

Eine weitere Rezension zu dieser 2. Auflage ist in folgendem Journal
zu lesen:
1797
Neue allgemeine deutsche Bibliothek. Des dreyßigsten Bandes erstes
Stück. Erstes bis Viertes Heft. Kiel, 1797 („Chemie" ;S. 153-154):
„Bey gegenwärtiger neuer Auflage hat der Verf. den Text
systematischer, als bey der vorigen, eingerichtet, und im jetzigen
ersten Bande in drey Abschnitten die rohen und einfachen
Arzneymittel des Mineral- Pflanzen- und Thierreiches abgehandelt;
auch von jedem einzelnen eine äußerliche Beschreibung, Herkunft,
Bestandtheile, Kräfte, Anwendung, Gabe und Kennzeichen
angegeben; auch bey den Gewächsen besonders die vergleichende
Beschreibung beygefügt, mit welchen ein Gewächs Aehnlichkeit
besitzt, und deswegen leicht verwechselt werden könne. Mangel an
einer solchen guten Schrift ist eigentlich nicht vorhanden gewesen;
weil die gegenwärtige aber nun einmal da ist: so wollen wir ihr den
abgezweckten Nutzen nicht absprechen.

                                                         Cw."

Dass manche der insgesamt doch recht zahlreichen Rezensionen
schon zu Beginn des Textes sich selbst als *bösartig* abqualifizieren,
zeigt das nächste Beispiel zur PHARMACIA SELECTA:
Medicinisches Journal 2. Band, 2. Heft (1796/97) S. 31-40:
„Der Zwittertitel [gemeint ist der lateinische und deutsche Titel],
worinn es dolligt zu lesen ist, daß V. eine Pharmacie *auf die*
Pharmacie *gebauet hat, macht uns geneigt zum Lachen..."*
[Und auch im weiteren Verlauf der Besprechung kommt das Wort
lächerlich häufig vor!]

Und zur ersten Auflage der PHARMACIA SELECTA PAUPERUM, oder
Auswahl der Arzneymittel für Arme (1794) ist im Journal „Neue

allgemeine deutsche Bibliothek" (Band 21, S. 112-113), 1796, zu Beginn zu lesen:

„Rec. fordert hiermit den Verf. auf, entweder im Reichsanzeiger, oder in irgend einer andern Zeitung bekannt zu machen, welche medicinische Facultät in Deutschland denselben zum Doctor der Chymie und Pharmacie creirt habae? wie er auf dem Titel angiebt.

Der schreibsüchtige Verf. hätte auch gegenwärtiges Werklein ungedruckt lassen können; denn es ist durchaus für jeden Arzt, sowohl auch für den Wundarzt und Apotheker entbehrlich. (…) Ah."

PHARMACIA SELECTA
1798

Medicinisch-chirurgische Zeitung (bearb. D. Johann Jacob Hartenkeil), Zweyter Band, Salzburg 1798 – N. 36 (Den 7. May 1798. (Angaben zum Titel *Pharmacia selecta* 1796/1797))

„Unter den vielen Schriften, welche in unsern Tagen über die Pharmaceutik erschienen sind, behauptet dieses umgearbeitete Werk im Ganzen genommen eine ehrenvolle Stelle. Der Verf. ist selbst Apotheker, und scheint in allen Theilen des Wissens, welche seine Kunst fordert, bewandert zu seyn. Als einen des Auszeichnens werthen Vorzug dieses Werkes sieht Rec. dieses an, daß der Verf. bey allen, besonders ausländischen, einfachen Arzneywaaren, die Kennzeichen der Güte und die verschiedenen Verfälschungen derselben sehr gut und genau angegeben hat, und zwar weniger nach den schriftlichen Anleitungen, die wir über diese Gegenstände haben, sondern mehr nach eigenen Beobachtungen und Erfahrungen. So sind z. B. die Artikel: Chinarinde, gelbe Chinarinde, rothe Chinarinde, die verschiedenen Arten von Gummi, Harzen und Schleimharzen, Rhabarber, Jalappe, Sennesblätter, u. a. in dieser Hinsicht vortrefflich bearbeitet. Bey mehrern Arzneykörpern hate er die verschiedenen Sorten, die im Handel der Materialisten im Umlauf sind, die Merkmale, die verhältnißmäßige Güte einer jeden, so wie auch zu welchen Zwecken man die eine oder andere Sorte in der Apotheke besser anwenden kann, angegeben.

Titelseite des Exemplars in der Bibliothek des Stadtarchivs Rinteln

In Bezug auf die negativen Kritiken von Piepenbrings Werk PHARMACIA SELECTA erschien 1797 in der Zeitschrift „Neues Medicinisches und Physisches Journal von Geheimen Rath BALDINGER zu Marburg" (Erster Band. Erstes Stück), S. 31-32, folgende Rezension:

„k) Pharmacie.

1) *Piepenbring, Georg Heinr.* Teutsches System. Apothekerbuch ausgewählter Arzneimittel nach den heutigen Kenntnissen der Pharmacologie und Pharmacie bearbeitet. Zweiter Band. Auch unter dem Titel: Pharmacia selecta, oder Auswahl der besten und wirksamsten Arzneimittel, zweiter Band, zweite vermehrte und umgearbeitete Auflage, mi 1. Kupfer. Erfurt (bey Keyser) 1797. 8. 466 S. u. XXXIII. S. Vorrede und Inhalt. Es war gewiss ein *aberwitziger* Tadel in der A. L. Zeit, dass man dem Verf. einst, das als Crimen laesae maiestatis anrechnete, dass er *eigenmächtig* so manchen *Unsinn* an sonst üblichen Formeln in den Dispensatorien abgeändert. Woher haben denn aber die Verfasser der Dispens. ihr Canonisches Ansehen, und ihre Infallibilität erhalten? Unmittelbar von *Gott*? – theopneust waren sie doch nicht! *Rivin* griff zuerst die *Oelgötzen* an – mehrere folgten – in Schweden *Rosen*; *Cranz* in Wien, letzthin *Thiboel* über die holländische Dispensatorien, und *Thunberg* schreibt freimüthig über die Fehler des Schwedischen Arzneibuchs. Es muss in den Apotheken, die bisher ein Stabulum *Augiae* waren, so lange ausgemistet werden, bis alle *Sordes et Quisquiliae* heraus sind – Aber wenn nur unser *Troß* quacksabernder Aerzte sich mit den verbesserten Grundsätzrn der neuen Chymie und Pharmacie ein bischen näher bekannt machte, so würden sie nicht so viele formulas magistrales ineptas schreiben, wie man noch täglich schreiben sieht (S. Journal St. 2, S. 29). Also, *auszumisten* giebt es in den Apotheken immer noch viel – und das traurigste, wenn der Apotheker, der *alle* seine receptirende Aerzte *weit übersieht*, noch immer *gezwungen* ist, solche Formulas *officinales* beyzubehalten, und in Menge den Plunder, in Büchsen, Flaschen, Schachteln hinzustellen. Wo sollen denn für das *arme Volk, wohlfeile Arzneipreise herkommen?* – wo selbst Sostrum für den Arzt? Wenn das Publicum nicht einmal die privilegirte unsinnige Praeparata *bezahlen kann?*

Auf neuere verbesserte chymisch-pharmaceutische Zubereitungen ist Vorzüglich Rücksicht genommen worden. Die Vorrede des Verf. muss nicht übersehen werden. An eine allgemeine Uebereinstimmung aller Aerzte unter sich, über die Auswahl der Mittel, ist wohl schwerlich zu denken. Jeder behält am Ende seine Privatmeinung. Verschiedene Mischungen unsers Verf. sind noch immer zu viel zusammengesetzt, wenn es auch gleich keine Todsünde ist, solche Dinge zu verbinden, und einige derselben sind gewiss ganz entbehrlich oder überflüssig. Je mehr usnere Aerzte Chymie und Pharmacie theoretisch und practisch studiren werden, desto vernünftigere Recepte werden sie schreiben lernen."

1792

Allgemeine Literatur-Zeitung, Band 3, No. 181, 75/76, Jena (1792):

„GÖTTINGEN, b. Dieterich: *Oekonomische Nützlichkeiten, Vortheile und Wahrheiten* für Naturkunde, Landwirthschaft und Haushaltungen von *Georg Heinrich Piepenbring*. 1stes Bändchen. 1790. 6 Bogen. 8. 2tes Bändchen. Mit einer Kupfertafel. 1791. 8 Bogen. 8.

Je öfter gewisse Geschäfte in städtischen, oder ländlichen Haushaltungen vorfallen, je mehr auf die gute Ausrichtung derselben ankommt, und je weniger einige von denjenigen, welchen hieran gelegen ist, Zeit, oder Gelegenheit hatten, die hie und da in physikalischen und ökonomischen Schriften dazu ertheilten Anweisungen aufzusuchen, um so mehr wird diesen eine Sammlung derselben willkommen seyn. Für solche Haushälter ist die vom Hn. P. aus seinen eigenen Wahrnehmungen aus den ihm mitgetheilten Beyträgen und aus allerley Büchern zusammengetragene und in kleine Bändchen vertheilte Sammlung bestimmt. In dem ersten Bändchen empfängt der Leser 28 und in dem zweyten 10 kurze, aber doch deutliche und hinlangliche, nützliche Belehrungen über allerley wirthschaftliche Angelegenheiten, welche er zur Erlangung mancher erheblicher Vortheile wird nutzen können. Dem Landwirthe verdienen hierunter die feine Viehzucht und einige schädliche und nützliche Pflanzen betreffenden Aufsätze, dem Stadtwirthe einige Anweisungen über das Verfahren in Zubereitung gewisser Speisen und Getränke, und beiden der Unterricht von einigen Garn- und Zeugfärbereyen, von Verfertigung der weißen Stärke und der Seife und vom Bleichen der Leinewand und des Garns, vermittelst dephlogistirter Salzsäure (in deren Betreff der Apparat zu ihrer Destillation auf der Kupfertafel abgebildet ist,) zur näheren Prüfung und zu bedachtsamen Versuchen besonders empfohlen zu werden. Solche vorgangige Versuche scheinen dem Rec. bey einigen Vorschlägen, z. B. wegen der blauen Flecke der Kuhmilch, wegen Verfestigung der Butter etc. noch gar sehr nöthig zu seyn."

1802
Aus:
Neue allgemeine deutsche Bibliothek. Des LXXII. Bandes Erstes Stück. Erstes bis drittes Heft, Berlin und Stettin, bey Friedrich Nicolai, 1802 – S. 39:

„Deutschlands allgemeines Dispensatorium (,), nach den Pharmacologie und Pharmacie (;) von D. Georg Heinrich Piepenbring (.). Erster Band. Simplicien und einige andere Producte (enthaltend). Erfurt, bey Keyser. 1801. 202 und 49 S. 8. – S. 30-41:

„Das Wort allgemein (sagt der Verf. in der Vorrede), deutet hier nichts weniger als ein Dispensatorium an, worin alle bisher bekannt gewordene Medicamente aufgenommen sind. Es soll dasselbe kein Repertorium aller Arzneybereitungen und Formeln aus den meisten in- und ausländischen Dispensatorien und Pharmacopöen vorstellen. Ein solches Buch kann eigentlich nicht auf allgemeine Einführung Anspruch machen. Ein allgemeines Dispensatorium soll nur die gangbaren Simplicien, die gebräuchlichen Arzneybereitungen und Formeln anthalten, welche entweder nicht in kleinen Quantitäten, und ohne großen Zeitaufwand bereitet werden können, oder an welche das ärztliche Publikum sich so gewöhnt hat, daß es sie gleichsam als einen Hausbedarf ansieht, und oft aus der Apotheken verlangt. Nur ein solches Apothekerbuch kann allgemein enführbar seyn; nicht aber ein jedes andere." Schon aus diesem werden unsere Leser ersehen, was sie in Deutschlands allgemeinem Dispensatorium zu erwarten haben – noch mehr aber werden sie sich getäuscht finden, wenn sie erst das Buch selbst zur Hand nehmen!

Schon der Plan und die systematische Ordnung dieses Buches ist ganz eigner Art – der Verf. theilet alle in diesem ersten Theile beschriebenen Körper in verbrennliche und in meistverbrennliche (?) ein. Erstere sind nach den drey Naturreichen geordnet. Nur die Erden, die Kalien, die Säuren und die Salze werden zu den meistverbrennlichen Körpern gerechnet – alles übrige, Gold und Silber, Metallasche, Wein und Milch u. s. w. ist verbrennlich ! !

Wenn der Verf. verlangt, daß ein Dispensatorium nur in der Landessprache geschrieben seyn müßte, weil die Erfahrung lehre, daß der größte Theil (?) der Apotheker, Provisor und Lehrlinge der lateinische Sprache nicht sattsam kundig, und deßhalb Fehler über Fehler begangen werden müßten: so ist es unbegreiflich wie derselbe vergessen konnte, in Deutschlands Dispensatorium, den deutschen Namen eines jeden Dinges beyzufügren! Nur zuweilen erwähnt er desselben bey Anführung der Kennzeichen des Körpers; jedoch geschiehet dieses auch nur selten; den so findet man von S. 68 bis 72 bey dreyzehn Artikeln auch nicht einen einzigen deutschen Namen, und doch schrieb Herr P. für seine Landsleute! Daß ein Dispensatorium die Mittel in einer systematischen Ordnung enthalten könne, darwider läßt sich nichts einwenden; aber es scheint als habe Herr P. durch sein Machwerk, so weit wir solches aus dem ersten Theil beurtheilen können, zeigen wollen, wie ein Dispensatorium in einer systematischen Ordnung nicht geschrieben werden müsse, unmöglich hätte er sonst die heterogensten Dinge zusammenstellen können! Unter mehrern wollen wir nur einige aufstellen. S. 99 stehen *Nuces moschatae* unter den Steinfrüchten neben *Fructus cerasorum*! S. 100 findet man unter der Rubrik: Nuß, die *Glandes Quercus*, und *Semen Canabis*! Gegen Ende des Buchs wird es noch schlimmer, da stehen gar unter den Säuren, deren Mischung bekannt ist, unmittelbar nach dem *Acid. vitrioli*: *Cinis clavellati* und *Soda*; und unter den sauer/alkalischen Salzen (Neutralsalzen) die Kreide und der Schwerspath ! !

45

6.2 Über die Quellen in Pyrmont und Meinberg

Physicalisch-chymische
Nachricht
von dem sogenannten neuen
Mineral-Salz-Wasser
auf der
Saline bey Pyrmont

———

Nebst
einem Anhang für Aerzte und Nichtärzte
Von
G e o r g   H e i n r i c h   P i e p e n b r i n g,
der Arzneygelahrtheit, Chymie und Pharmacie Doctor,
wie auch der Regensburgischen botanischen Gesellschaft
Ehrenmitglied.

———

L e i p z i g,
bey Friedrich Gotthold Jacobäer,
1793.

In *Trommsdorffs Journal für Pharmacie* erschien im Band 1 (St. 2, S. 241) bereits 1794 folgende Rezension:

„Diese kleine Schrift enthält die Untersuchung des neuen Mineralwassers bey Pyrmont, welches in neuern Zeiten viel Aufsehen gemacht hat.

Die Schrift selbst zerfällt in drey Abschnitte, in welchen der Verfasser sagt, was sich davon sagen leiß. **Erster Abschnitt**. Von der Geschichte und Lage des neuen Pyrmonter sogenannten Mineralwassers. Die Quelle wurde durch Zufall schon vor dem siebenjährigen Kriege durch den Salzinspektor Jung zu Pyrmont entdeckt, der sich auch benuzte; da aber durch den Gebrauch dieser Quelle die eigentliche Kochsalzquelle zu Pyrmont eine nachtheilige Veränderung in Ansehung ihres Salzgehaltes litt, so wurde sie wieder zugeworfen.

Durch den Herrn Geheimenrath **Trampel** ist nun diese Quelle wieder aufgegraben, und nebst noch zwey andern gereiniget worden, und wird jetzt als Gesundbrunnen gebraucht.

Zweyter Abschnitt. Von der physischen Beschaffen-heit des neuen Mineral-Salzwassers. Chemische Unter-suchung mit gegenwirkenden Mitteln. Der Verfasser stellte die Versuche nicht blos mit dem Pyrmonter, sondern auch mit dem Meienberger Mineral-Salzwasser an; die Resultate stimmten bey beyden meistens überein. ,Versuche zur Bestimmung des elastischen Stoffs in dem neuen Mineral-Salzwasser. Nach Abichs, Stuckes und Winterl's Methode, woraus sich ergiebt, daß ein Pfund dieses Mineralwassers 18 gran Luftsäure enthält. Chemische Versuche zur Bestimmung der festen Bestandtheile dieses Wassers. Aus diesen Versuchen ergab sich, daß 1 Pfund enthielt: 1/16 Gran Eisenkalk, 7/16 Gran luftsaure Bittererde, 6 Gran luftsaure Kalkerde, 73 Gran Kochsalz, 2 ¼ Gran salzsaure Bittererde, 9/32 Gran salzsaure Kalcherde, 3 ¾ Gran Glaubersalz, 8 ½ Gran Selenit und 1/32 Gran Harzstoff, nebst 18 Gran Luftsäure. Um den Unterschied beyder Mineral-Salzwasser, so wohl des Meienberger als des Pyrmonters zu vergleichen sezt der Verfasser auch die Bestandtheile des Meienberger Wassers her, so wie sie Westrumb in seinen physik. chemischen Abhandl. des 2ten Bandes 2tes Heft 1788 S. 91, vorgelegt hat.

Dritter Abschnitt. Erstes Kapitel. Von der theoretischen Betrachtung der Wirkung des Pyrmonter Mineral-Salzwassers auf den menschlichen Körper. Es sey auflösend, verdünnend, reinigend und eröffnend etc. Zweytes Kapitel. Von der zu Pyrmont bewunderten Wirkung des neuen Mineral-Salzwassers. Man macht nach des Verf. Meynung mehr Lärm davon, als es werth sey; denn es sey nichts mehr als eine schwache Kochsalzlauge, die nur Luftsäure enthalte. Man will das Pyrmonter Mineral-Salzwasser über das Meienberger erheben, und zwar letzteres dadurch verdrängen; unser Verf. untersucht diese Sache sehr weitläufig, und erklärt sich für das Meienberger. Es würde hier zu vielen Raum wegnehmen, wenn wir seine Gründe anführen wollten, deswegen verweisen wir unsere Leser auf die kleine Schrift selbst, und maßen uns keines Ausspruchs an.

(Die Rezension stammt offensichtlich von Trommsdorff selbst, da sie mit einem T... gezeichnet ist)

Die *leidenvollen verlebten Jahre in Meinberg* könnten sich auf die dieser Schrift folgenden Auseinandersetzungen beziehen, die im Repertorium *Medicinische Litteratur des Jahres 1794* (Hrsg. Paul Usteri), Leipzig 1796 (1), sich auf Piepenbrings Schrift (*579.*) und auch bei Emil OSANN in dessen Wek „Physikalisch-medicinische Darstellung der bekannten Heilquellen der vorzüglichsten Länder Europa's" (2. Teil, Berlin 1841) (2) angegeben sind:

(1)
580. Math. Weber – (Trampel) zeigt dem Apotheker Piepenbring in Meinberg, durch diesen Brief die Antwort an, die er durch seine Schrift von dem sogenannten mineralischen Salzwasser auf der Saline bey Pyrmont veranlasst hat, und nächstens erscheinen wird. 8. Pyrmont b. Herrnkind 1794. S. 24.
581. Dr. u. Apoth. Piepenbring's vorläufige Antwort auf den Brief betitel: Matheus Weber zeigt u. s. w. (v. 20. May 1794.) 8. Meinberg. S. 31
582. Weitere Antwort (v. 1. Juni 1794.) auf den wider mich geschriebenen Brief, von G. H. Piepenbring. 8. Meinberg. S. 48.
583. Kurze Gegenantwort auf die unter Mathias Webers Namen erschienene neue Schmähschrift. Gegeben von G. H. Piepenbring. 8. Meinberg. 1794. S. 31.
(...)

(2)
J. E. Trampel, Beschreibung der neu entdeckten salzhaltigen M.quellen zu Pyrmont und von den Heilkräften derselben. Berlin 1794.
(Diesen Schriften gingen folgende kleine Streitschriften voran, welche T r a m p e l unter des Salzinspectors M. W e b e r's

Namen wechselte: 1. M. Weber zeigt dem Apoth. Piepenbring in Meinberg durch diesen Brief die Antwort an, die er durch seine Schrift: phys. chem. Nachricht etc. veranlasst hat. Pyrmont 1794. – 2. Vorläufige Antwort auf den Brief, betitelt: M. Weber zeigt etc. von G. H. Piepenbring, Meinberg 1794. – 3. Gegen die Verläumdungen, welche angeblich der Salzinsepctor M. Weber in Nr. 20 der Mindischen Anzeigen d. J. in folgendem Aufsatz abdrucken liess. Meinberg 1794. – 4. Weitere Antwort auf den wider mich geschriebenen Brief, betitelt: M. Weber zeigt etc. von Piepenbrig, Meinberg 1794. – 5. Eine Antwort auf G. H. Piepenbring's Nachricht von dem etc. von W. Weber daselbst entworfen. Pyrmont 1794. – 6. Kurze Gegenantwort auf die unter M. Weber's Namen erschienen neue Schmähschrift, gegeben von G. H. Piepenbring, Meinberg 1794.)

6.3 Der Streit mit dem Salzinspektor Weber aus Pyrmont

Im „Neues Hannöverisches Magazin, worin kleine Abhandlungen, einzelne Gedanken, Nachrichten, Vorschläge und Erfahrungen (...), aufgesammelt und aufbewahret sind" (4ter Jg., Hannover 1795) ist eine Antwort Webers und auch die Gegenwort von Piepenbring abgedruckt, die hier vollständig zitiert werden:

Gegen

die Verläumdungen, welche vorgeblich der Salzinsepctor Weber zu Pyrmont in Nr. 20 S. 317-320 der Mindischen Anzeigen dieses Jahrs im folgenden Aufsaz eindrucken ließ.

———————

Pflichtschuldige Antwort des Salzinspector Weber in Pyrmont auf die Nachricht, welche dem Publikum in dem 14ten Stück der Lippischen Intelligenzblätter dieses Jahrs vondem Apotheker Piepenbring zu Meinberg gegeben worden ist.

Der zeitige Apotheker Piepenbring zu Meinberg sucht in dem 14ten Stück der Lippischen Intelligenzblätter von d. J. das Publikum zu überreden, als ob der Schmuz, welchen das dasige mineralische Salzwasser theils wie Eiterflocken, theils wie Erde fallen läßt, wenn es in Bouteillen gefaßt wird, der Gesundheit des Menschen nicht nachtheilig, sondern vielmehr vortheilhaft sey, und nicht abgeschieden werden dürfte, weil er ihn für einen Bestandtheil ansieht, der aus Kalk und Eisenerde bestehen, und zur Natur des Wassers mit gehören soll.

Mich wundert, daß ein Mann so verwegen seyn kann, ein ganze Publikum überreden zu wollen, daß das, was er von dem Salzwasser Meinbergs schreibt, wahr sey. Entweder muß er ohne alle Einsicht seyn, oder das Publikum für eine hirnlose Gruppe menschlicher Gestalten ansehen, welcher er vorbilden kann, was ihm beliebt.

Wenn der Schmuz und der Schleim, der sich in den Bouteillen niedersetzt, ein Bestandtheil des Wassers wäre, so würde er sich nicht von demselbe trennen und sichtbar werden können, wenn es gefaßt ist. Trennen sich die wesentlichen Bestandtheile von dem Mineralwasser, so heißt es verdorben und schädlich, weil es das

50

nicht mehr ist, was es war und seyn sollte. Setzen sich aber Dinge von dem Wasser ab, die nicht mit zu dem Wesen desselben gehören, und die weder durch die Luftsäure noch durch die Salze mit dem Wasser vereinigt seyn können, so heißt das Wasser unrein, schmutzig und ungesund. Das sagt der gesunde Menschenverstand, die Erfahrung und auch die Aerzte sagen es, welche mit dem Mineralwasser bekannt und gewissenhaft sind, z. B. Zükert in der neuen systematischen Beschreibung aller Gesundbrunnen und Bäder Deutschlands pag. 5 u. s. w.

Die erste und hauptsächliche Eigenschaft eines Mineralwassers besteht also in der Klarheit und Leichtigkeit: denn ein klares Wasser zeigt an, daß die mineralischen Bestandtheile mit dem Wassertheilen so zart und innigst vermischt sind, daß sie die Zwischenräume des Wassers nicht verdunkeln können. Ein solches Wasser beschwert nicht, nimmt die Bestandtheile mit sich hin, wohin es als Wasser hinzudringen vermögend ist, und übt überall die Kraft aus, wozu es vermöge der bey sich habenden Bestandtheile geschickt ist. Ganz anders verhält sichs aber mit dem Wasser, welches seine Bestandtheile fallen läßt, oder mit Schmuz vermischt ist, der zufällig zum Wasser gekommen ist. Ein solches Wasser ist der Gesundheit des Menschen nicht vortheilhaft, sondern immer schädlich, der Schmuz mag eine Aehnlichkeit mit einigen Bestandtheilen des Wassers haben oder keine: denn das Mineralwasser wird nicht getrunken, um Schmuz dem Körper zuzuführen, sondern um denselben von dem Schmuze zu reinigen, den er gesammelt hat. So trift man selten einen Koth oder Leimen z. E. an, der nicht Kalk oder Eisenerde bey sich führen sollte. Würde man den aber nicht für wahnwitzig halten, der seinen Kranken aufgelösten Leimen in Wasser, statt eines Mineralwassers trinken lassen wollte, weil der Leimen Kalk und Eisenerde mit sich führt? Und gerade das ist der Fall mit dem Meinberger Salzwasser auch, wenn es unfiltrirt oder ungereinigt getrunken werden sollte, und noch ein wenig schlimmer. Wäre das Reinigen nicht nöthig gewesen, so würde man wahrscheinlich gerne der Mühe überhoben gewesen seyn, die das Reinigen verursachen muste.

Gegen diese Behauptung des Apotheker Piepenbrings sehe ich mich also verpflichtet, das Publikum öffentlich zu warnen, und *derjenige, der sich lieber selbst von dem, was ich hier sage, überzeugen will, beliebe sich nur bei der Quelle selbst einige Bouteillen, durch einen sichern Menschen füllen zu lassen, dieselben 48 Stunden hin zu setzen und zu beobachten. Alsdann wird er sehen, daß meine Warnung Grund hat, und daß sich die Behauptung jenes Apothekers auf Plane gründet, die keinem gewissenhaften und wahrheitsliebenden Manne anständig ist.*

Nächstens wird eine Antwort von mir gegen die physicalische Beschreibung jenes Apothekers Piepenbring, die er von dem mineralischen Salzwasser Pyrmonts geschrieben, und in dem angeführten Intelligenzblat erwehnt hat, die Presse verlassen, und den Mann, der die Gesundheit seines Nebenmenschen für so gering achtet, und das Publikum so gewissenlos zu hintergehen sucht, umständlicher entlarven, und seine Plane entdecken, die er oder andere durch ihn auszuführen bemüht waren.

Mehreres über dieses wiedersprechende *) und fehlerhafte Stück der Intelligenzblätter anzuzeigen, würde für diesesmal wider meinen Plan seyn. Nur dieses will ich noch anzeigen: Würde der Apotheker Piepenbring die Naturgesetze kennen, und die Fähigkeit haben, sich in die Begebenheiten derselben zu schicken, so würde er der Natur die Fehler nicht zuzuschreiben nöthig haben, die er jetzt seiner Unwissenheit zuschreiben müste; denn die Natur ist nie verunstaltet zum Vorschein gekommen. Der Mensch ist aber das Geschöpf, welches die Natur verunstalten kann, oder die Verunstaltung, die ihr zufällig zustößt, nicht abzuhelfen weis. So hat man z. B. das Mineralwasser in Meinberg jetzt auch verunstaltet, wie ich bey meinem letzten Daseyn gesehen habe. Aber man handelt sehr unpolitisch, daß man auch diese Verunstaltung der Natur zuschreiben will, und nicht den Menschen, die sie verursacht haben. Auch dieses Wasser hat seinen Werth verlohren, den es sonsten hatte, indem man die Gänge und Löcher, die man vormals gegen die Sumpfwasser verstopft hatte, wieder aufgerissen hat, um dem natürlichen Mineralwasser ein Sumpfwasser zuzuführen, welches dem Wasser nicht nur seine Klarheit genommen hat, sondern auch der Gesundheit des Menschen schädlich geworden ist, wie die Erfahrungen lehren werden, wenn, ungeachtet dieser meiner

Anzeige, sich leichtgläubige Aerzte finden sollten, dasselbe zu empfehlen und anzuwenden.

Pyrmont den 16ten April 1794.

*) so sagt er z. E. pag. 111 des erwehnten Intelligenzblatts: die Flocken sind nichts fremdes, sie gehören in den, dem Brunnen natürlichen Bestandtheilen, und sich auch noch in dem durch das Filtriren klar gemachten Brunnen befindlich, nur daß man sie alsdenn nicht darinnen sieht, weil sie in dem Wasser aufgelöst sind.

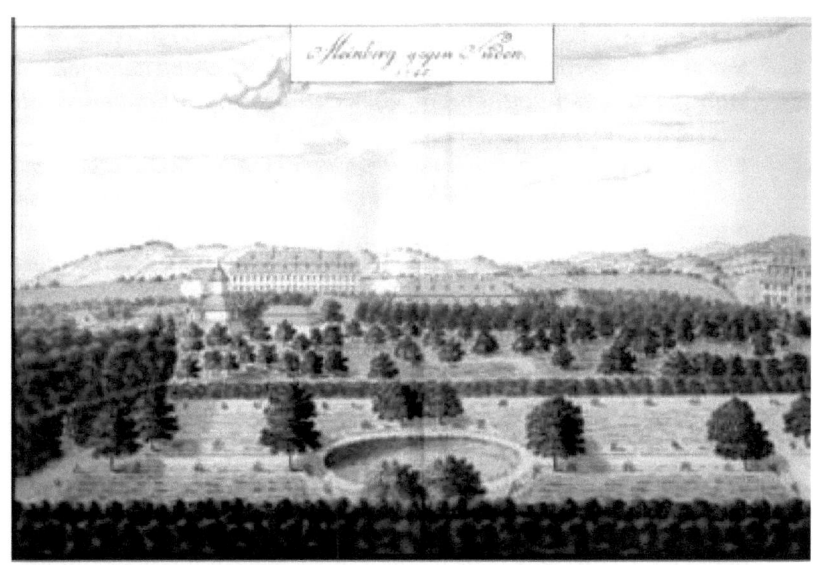

B e a n t w o r t u n g
dieser vorgeblich Weberischen Antwort.

„Der berühmte Scheidekünstler Herr Bergkommisair Westrumb sagt in seiner chemischen Untersuchung des Mineral-Salzwassers bey Meinberg. (Kleine physicalisch-chemische Abhandlungen B. II Heft 2 S. 70-72) ‚Sieht man in die Quelle von oben hinab, so scheint das Wasser zu opalisiren, schöpft man das Wasser aber mit einem weissen Glase auf, so ist es so hell und klar, wie das reinste Wasser nur immer seyn kann; es scheint daher frey von mechanisch eingemischten Theilen (Schmuz, Unreinigkeit) zu seyn. – Dieselben Eigenschaften hatte das Wasser, welches mir Herr Hofrath Trampel zur Untersuchung sandte. Es war durchaus klar und ohne allen Bodensatz. Man bemerkte nichts opalisirendes daran, man mochte das Wasser nun gegen das Tageslicht, oder des Abends gegen ein angezündetes Licht halten. Binnen acht Tagen ließ es indes einen Saz fallen, der stockicht und röthlich war, und aus Kalkerde und Eisen bestand.' – Dieser Auszug aus den Schriften eines Mannes, dessen chemische Gelehrsamkeit und dessen Wahrheitsliebe allgemein anerkannt sind, soll dem oben rubricirten unverschämten Geschreibsel nicht entgegen gestellt werden; denn Westrumbs Name ist zu ehrenvoll und sein Ausspruch ist zu vielgeltend, als daß man ihn zu einer solchen Entgegensetzung herabwürdigen wollte: das der Sache unkundige Publikum soll aber dadurch einen gültigen Bürgen für unsere Versicherung in unserer eigenen Sache erhalten.

Das Meinberger oder das Wöbbelsche Mineral-Salzwasser, oder wie es jetzt genannt wird, muriatische Bitterwasser, wird durchaus hell und klar, kurz vollkommen rein, ohne die mindeste Trübheit, oder darin schwimmende Unreinigkeit aus der Quelle geschöpft, und diese Klarheit und vollkommenste Helligkeit behält es auch mehrere Tage, Nur Unwissenheit oder Verläumdungssucht kann sagen, ein so durchaus klares Wasser enthalte fremdartige, dem Wasser nur mechanisch beygemischte Theile, das heißt, Schmuz oder Unreinigkeit! Nach Westrumbs Untersuchung machen Erden und Salze die fixen Bestandtheile unseres Mineralwassers aus, und entweder weiß es der Verfasser der Weberischen Antwort nicht, oder er verschweigt es aus Rabulisterey [Rabulist = Wortverdreher], daß die Erden in bloßem Wasser unauflösbar sind, und nur vermittelst der Luftsäure oder der fixen Luft in den Mineralwassern aufgelößt gehalten werden. Natürlich also fällt ein Theil der erdichten Bestandtheile aus jedem Mineralwasser zu Boden, wenn ihm ein Theil der Luftsäure oder dieses Verbindungsmittels entgeht, und bekanntlich entweicht ein Theil der Luftsäure, so bald ein Mineralwasser auf irgend eine Art mit der atmosphärischen Luft in Berührung kommt, oder mehr Wärme annimmt, als es vorher hatte.

Unser kochsalziges Bitterwasser ist in der Quelle nach Westrumbs Versuch (a. a. O. 871) sechs Grad kälter als die mäßige Temperatur der Luft; wenn es aus der Quelle geschöpft und in Bouteillen gefüllt wird, so nimmt es nach und nach die Temperatur der Atmosphäre an, und die natürlichste Folge dieses Wärmerwerdens ist die Entweichung eines Theils seiner Luftsäure und das Niederfallen eines Theils seiner erdichten Bestandtheile, von welchem der entwichene Theil Luftsäure das Verbindungsmittel mit dem Wasser war. Dies Naturgesetz ist allen Mineralwassern gemein, und wer jemals Wißbader, Driburger, Pyrmonter, Brückenauer und andere Mineralwasser gesehen hat, die einige Zeit in Bouteillen gestanden, der hat gewiß auch den weislichen oder röthlichen Saz gesehen, welcher an dem Boden der Botuillen hängt, und welcher das Wasser trübt, so bald die Bouteillen geschüttelt werden. Welcher Sachkenner und welcher vernünftige Mann hat aber je den Bodensaz dieser Wasser für Schmuz, und die Wasser selbst, dieses Bodensatzes wegen, für verdorben und schädlich erklärt? Dies that nur die gröbste Unwissenheit oder der Eigenutz und die Rachsucht bey unserm muriatichen Bitterwasser! Die Flocken und der Bodensaz unseres Mineralwassers bestehen aus aus Kalk- und aus Eisenerde. Westrumbs oben wörtlich angeührter Ausspruch ist entscheidender Bürge dafür, und wir fordern über dies jeden geschickten und rechtschaffenen Chemiker zur Untersuchung desselben und zur Rechtfertigung der Wahrheit auf. Daß diese Flocken oder dieser Bodensaz unseres Mineralwassers nichts als reine, zarte, erdichte Theile sind, davon kann sich jedermann überzeugen, wenn er einem Glas unseres Wassers eine gehörige Menge Luftsäure beymischt, allenfalls nur eine Portion von Voglers ächt bereitetem Luftsaurenpulver (pulvis aërophorus) hineinwirft, er wird sehen, daß die geringe stockichte Trübheit unsers Wassers, so gleich in eine vollkommene Klarheit umgewandelt wird, weil die beygemischte Luftsäure die niedergefallenen erdichten Theile wieder auflöst, und sie wieder eben so innig mit dem Wasser vereinigt, als sie es in dem Baßin der Quelle und so gleich nach der Füllung des Wassers, in den Bouteillen waren. Kalk- und Eisenerde sind aber unserem Wasser keine fremdartigen, oder ihm nur mechanisch beygemischten Theile: sondern sie gehören zu den eigenthümlichen Bestandtheilen

55

derselben, denn nach *Westrumbs* Analyse enthält dasselbe im Pfund, neben seinen übrigen Bestandtheilen, auch 7 41/100 Gran Kalkerde und 1/8 Gran Eisenkalk. Ueber dies betragen diese Flocken oder dieser Bodensaz unsers Wassers nur äußerst wenig, nemlich das Minimum von dem zehnten Theil eines Grans. *Trampel* scheint die Naturgesetze nicht gekannt zu haben, nach welchen dieser stockichte Bodensaz in unserem Mineralwasser entsteht, er suchte die Ursache der Beschaffenheit des Bodens oder in den Gängen der Quelle!!! In dieser Unwissenheit lies er das Wasser zur Abscheidung dieser wenigen Flocken durchseihen, natürlich, daß dabey noch mehr Luftsäure entwich und das Wasser noch mehr von seinen erdichten Bestandtheilen verlor. Wir haben es für ärztlich rathsam gehalten, sowol zur Erhaltung der in unserm Wasser befindlichen Luftsäure, als auch seiner erdichten Bestandtheile, dies Durchseihen abzustellen; wird man un überzeugen, es sey den medizinischen Kräften des Wassers zuträglich, so ist es leicht, es wieder zu veranstalten. Aber solches Geschwätze einer unverschämten Unwissenheit oder eines verläumderischen Eigennutzes, wie das Publikum und wir unter des Salzinspektors *Weber* Namen lesen, scheint vielmehr die Güte dieser Abstellung zu bestätigen, denn fürchtete man nicht, unser Wasser werde dadurch gewinnen, so würde man es nicht durch solchen Unsinn und offenbare Unwahrheiten zu verunglimpfen suchen.

Jeder Arzt und auch das unbefangene wahrheitsliebende Publikum kann nun den Werth der *Weberischen* Antwort beurtheilen: aber jeder rechtschaffene Mann, der die Lage der Sachen nicht kennt, wird es unerklärbar finden, wie ein Mann, der weder Arzt, noch Physiker, noch Chemiker ist, wie ein dem großen Publikum ganz unbekannter Mensch, dessen Sachkunde und Rechtschaffenheit nicht den mindesten öffentlichen Beweis für sich hat, sich anmaßen könne, zum Publikum zu reden, und so unverschämt gegen eine öffentliche Anstalt zu warnen, die so viele Autorität für sich hat! Höchstwahrscheinlich hat ihn die Unklugheit seines Kopfs und die Bösartigkeit seines Herzens verleitet, blos seinen Namen darzu mißbrauchen zu lassen. Er steht dem ehemaligen Brunnenarzt zu Meinberg, Geheimenrath *Trampel*, in enger (wahrscheilich wegen des Pyrmonter Mineral-Salz-Wassers in merkantilischer) Verbindung; Trampel hatte sich durch sein Verfahren vor und während der Krankheit unsers Fürsten Durchlaucht eine fiscalische Klage zugezogen, ein auswärtiges Urthe(i)l hatte ihm eine Criminaluntersuchung zuerkannt; um dieser zu entgehen, bat er wiederhot demütig um Abolition, die ihm endlich, in gnädigem Betracht seiner ehemaligen Bemühungen um Meinberg, gegen Niederlegung aller seiner hiesigen Aemter, Wegziehen von Meinberg und Bezahlung einer ansehnlichen Geldsumme ad pias Causa erteilt wurde. Er zog nun von Meinberg nach Pyrmont, fand da bald ohnweit der Pyrmonter Sohlenquelle, eine kochsalzige Quelle wieder auf, und sucht nun das Wasser derselben beim Publikum als ein vorzügliches Gesundheitswasser einzuführen, wahrscheinlich weil sein Privatnutzen durch einen staken Absaz dieses Wassers ansehnlich gewinnen würde. Diese kurze Geschichte erklärt alles! Zur Beförderung des Aufkommens des Trampelschen Pyrmonter Mineral-Salz-Wassers, soll unserm durch voll sieben Jahre hindurch von Trampel selbst so sehr gepriesenen und empfohlenen muriatischen Bitterwasser nunmehro das Vertrauen des Publikums auf alle mögliche Weise entzogen, und nebenher auch der beleidigte Egoismus gerächet werden!!!

Was der schmähsüchtige Verfasser der Weberischen Antwort über den Verlust des Werths der Meinberger Trinkquelle des salinischen Stahlwassers sagt, daß jetzt die Gänge und die Löcher, welche man vormals sorgfältig gegen die Sumpfwasser verstopft habe, wieder aufgerissen und dem natürlichen Mineralwasser ein Sumpfwasser zugeführt worden, welches ihm nicht nur seine Klarheit genommen, sondern es auch der Gesundheit des Menschen schädlich gemacht habe, ist Ausbruch seiner Unbesonnenheit! Es fand beim Meinberger Brunnen seit 1769 ein Bassin für einige Mineralwasserquellen statt, das man den kalten Badebrunnen nannte, und dessen Wasser zum Baden gebraucht wurde. Trampel ließ dieses Bassin, welches er selbst vorhin angelegt hatte, und worüber auf seinem Betrieb ein Haus für 1000 Rthlr. erbaut war, vermuthlich weil er bey Erfindung seiner berüchtigten Mineralwasserfabrik dieses Wasser nicht mehr bedurfte, eigenmächtig mit Erde zuwerfen; (dies war die ganze sorgfältige Verstopfung!) Dies Bassin ist jetzt mit seinen Quellen wieder aufgegraben, und diese wieder aufgegrabene Quelle soll nun das Sumpfwasser seyn, wodurch dem Trinkbrunnen seine Klarheit genommen, und der Gesundheit des Menschen schädlich geworden seyn soll. Diese Badequelle lies Trampel erst im Ausgang des Jahrs 1784 zuwerfen, also nur 1769 bis 1784, funfzehn volle Jahre, hätte Trampel mit seinem Wissen und Willen unserm salinischen Stahltrink-brunnen ein Sumpfwasser zuführen lassen, wodurch derselbe eine ungesunde Eigenschaft bekommen, wenn die in der Weberischen Antwort so unverschämt gewagte Nachricht etwas anders wäre, als eine unsinnige Verläumdung, die, wenn sie Glauben fände, alles Zutrauen auf Trampels Menschlichkeit und Arztes Treue vernichten müste. Diese funfzehn Jahre hindurch, wo die jetzt wieder aufgegrabene Badequelle eben so offen war, als sie es nunmehro wieder ist, und eben so zum Baden gebraucht wurde, als sie in Zukunft dazu angewendet werden soll, pries Trampel unsern salinischen Stahlbrunnen öffentlich und überall, verbürgte dessen Heilsamkeit durch eine Menge von Erfahrungen, lies ihn den zahlreichen, vornehmen und geringen Kurgästen in Mienberg kurmäßig brauchen, machte ansehnliche Versendungen davon ins Ausland; er hintergieng also, wenn es wahr wäre, daß diese Badequelle den Trinkbrunnen mit Sumpfwasser verunreinigte und dadurch der menschlichen Gesundheit schädlich machte, das ganze Publikum, die Kurgäste und seine Landesherrschaft, denn niemals hat er dieser das mindeste von einem nachtheiligen Einfluß dieser Badequelle auf den Trinkbrunnen angezeigt!!! Und eben in diesen funfzehn Jahren war das Publikum am zufriedensten mit der Heilsamkeit des Meinberger Brunnens, besuchte es Meinberg am zahlreichsten und glänzendsten, und erhob es Meinberg auf die ansehenliche Stufe des guten Rufs, auf welcher es damals stand! Seit 1784, wo Trampel dies Badebassin zuwerfen lies, und dadurch, wie die Webersche Antwort wähnt, dem Trinkbrunnen seine Klarheit verschaffte und der Ungesundheit abhalf, wurden die Gerüchte von Trampelschen Verfälschungen des Meinberger Mineralwassers allgemeiner und lauter, und Meinberg verlor nach und nach einen großen Theil seines Zutrauens beim Publikum. Er selbst lies dieses Wasser nun seltner kurmäßig brauchen, sondern verordnete gewöhnlicher, in den erstern Jahren, das Schwefelwasser und nach

1786 das Mineral-Salzwasser; freylich wie man jetzt, da er seinen eigennützigen und egoistischen Charakter mehr ins Licht gestellt hat, mit höchster Wahrscheinlichkeit vermuthen kann, vorzüglich aus Eigennutz, weil er, indem ihm im Anfang des Emporkommens des Schwefel- und des Salzwassers der Ertrag davon überlassen wurde, beim Debit dieser Wasser gewann. Es ist eine freche Kühnheit, das Wasser dieser Badestelle ein Sumpfwasser zu nennen, schon der Augenschein beweist, daß es hervor quillt, es liegt dasselbe luftsaure Dunstgewölk auf ihr, was auf der andern nicht angefochtenen Badequelle leigt, er hat denselben Geschmack, und ist auch mit dem den Mineralwassern gewöhnlichen sogenannten Pfauenschwanz überzogen. Derselbe Augenschein beweist, daß unser Trinkbrunnen noch dieselbe Klarheit besitzt, welche er beim Wegziehen Trampels hatte, und die Erfahrung wird auch lehrene, daß er jene Heilsamkeit nicht verloren hat, welche er sowol in den ersten siebzehn Jahren, als auch nachher bewies. Ueber dieß ist diese wieder aufgegrabene Badequelle auf das sorgfältigste von dem Trinkbrunnen abgesondert, und jeder Eindrang derselben in das Trinkbassin gehemmt. Und wie kann Weber sagen, er habe eine Verunreinigung des Meinberger Mineralwassers bey seinem letzten Daseyn gesehen, da der Brunnenverwalter Feige versichert, er wisse durchaus nicht, daß Weber oder Trampel die wieder aufgegrabene Quelle gesehen hätten?

Jeder unbefangene und jeder rechtschaffene Mann im Publikum wird nun die verläumderischen Unwahrheiten in der Weberischen Antwort durchschauen, und kennt nun auch die Quelle und den Zweck derselben. Wahrheit und Treue können durch solche Anfälle nicht fallen, so lang der größere Theil des Publikums mit eigenen Augen siehet und Sinn für Wahrheit hat. Solche offenbare Unwahrheiten und unverschämte Verläumdungen müssen durchaus endlich alles Vertrauen vernichten, das irgend Jemand, aus andern Gründen, auf die Personen hatte, welche sie zu verbreiten suchen. Meinbergs Geschichte liefert mehrere Beweise von Trampels Eigennützigkeit und seinem Hang, das Publikum und seine Obern zu täuschen; es ist des Wunsches werth, daß er mit dem Vertrauen, welches er sich jetzt in Pyrmont zu erwerben sucht, redlicher und dankbarer umgehen möge!

Meinberg den 29ten May 1794.
Brunnenkommision daselbst."

Die in den oben zitierten Texten beschriebene unrühmliche Rolle des Brunnenarztes Johann Erhard TRAMPEL (1737-1817) wird in der Schrift „Berichte vom Meinberger Brunnen im Lande Lippe" (Meinberg 1967) ausführlich dargestellt. Über seinen Werdegang ist nur wenig bekannt. 1762 erhielt er vom Grafen Simon August von Lippe (1727-1782) den Auftrag, die in Meinberg vorhandenen Quellen zu untersuchen. Trampel wurde in Kreuzburg an der Werra in Thüringen geboren und hatte sich nach seiner Ausbildung, über die nichts Näheres bekannt ist, im selben Jahr als Arzt in Lemgo niedergelassen. Er gilt als Gründer das Bades Meinberg, ging wie beschrieben 1793 nach Pyrmont und war dort als zweiter Badearzt neben Marcard tätig. 1793 erwarb er das Haus (heute Ratskeller) mit Garten des ehemaligen Badearztes Johann Philipp Seip (1686-1757) und entdeckte auf dem Grundstück ein Kohlendioxid-haltige Mineralquelle, die er für seine Privatbadeanstalt nutzte.

PIEPENBRING:

Vorrede.

Das kleine Büchlein, welches ich hier dem Publiko vorzulegen die Ehre habe, und welches das neue Salz-Wasser bey Pyrmont zum Gegenstande hat, wird man nicht von mir, sondern eigentlich von dem Manne erwarten, von dem das Wasser in Gebrauch gebracht ist. Allein die Gelegenheit, die mir gegeben ward, das Wasser chymisch zu untersuchen, brachte mich endlich auch auf den Gedanken, meinen Lesern nicht die bloßen Versuche, sondern zugleich die Geschichte u.s.w. des Wassers mit vorzulegen. Hie und da habe ich die Wirkungskraft und den arzneylichen Werth dieses neuen Mineral-Salz-Wassers und des schon bekannten Meinberger, auch sogenannten Mineral-Salz-Wassers gegen einander vergleichen und angegeben. Die Gesundbrunnen und Bäder sich ja nichts mehr als Arzneymittel, und ich halte es für recht und billig, zu prüfen und zu untersuchen: ob eine neues Arzneymittel wirkliche Vorzüge vor den schon bekannten und durch die Erfahrung erprobten seiner Art habe, und wenn es diese nicht hat, oder wohl noch mindern Werth besitzt, dem Publico neue Nachricht davon zu geben, damit es sich nicht täuschen und durch das Vorurtheil der Neuheit sich verleiten lasse, die ältern geprüften und wirksamern Mittel zu vernachlässigen, oder gar herabzuwürdigen.

Weil meine Vergleichung mehr für, als wider das Meiningen Mineral-Salz-Wasser ausfällt: so versichere ich auf das heiligste, daß ich so wenig gegen das neue Pyrmonter Mineral-Salz-Wasser als gegen den Herrn Leibarzt **Trampel**, welcher es in diesem Jahre in Gebrauch brachte, eingenommen bin, oder aus irgend einer persönlichen Ursache mich selbst so weit herabwürdige, daß ich Unwahrheiten behaupten und vertheiden wollte. Ich bekenne vielmehr hier im Angesichte des ganzen Publikums, dem ich Achtung und Wahrheit schuldig bin, und auch immer geleistet habe, daß ich Hrn. Leibarzt **Trampel** als einen sehr geschickten Brunnenarzt verehre.

Ich habe es bey dem ganzen Gegenstande dieser Schrift mit weiter nichts zu thun gehabt, als mit der Sache selbst und mit der Wahrheit! Unpartheyisch ist also egsagt, was gesagt ist: zu etwas

61

anderm hat mich Niemand zu bewegen gesucht, und ich bin es der Wahrheit schuldig zu sagen, daß, bey der mir übertragenen chymischen Analyse des neuen Pyrmonter Mineral-Salz-Wassers, nichts weiter als Genauigkeit und Wahrheit gefordert wurde.

Geschrieben Pyrmont im August 1793.

Der Verfasser.

Erster Abschnitt.
§. 1.
Von der Geschichte und Lage des neuen soge-
nannten Mineral-Salz-Wassers.

Außer derjenigen Quelle auf der Saline bey Pyrmont, wovon hier die Rede ist, sind, die Kochsalz- oder Sohlenquelle ausgeschlossen, noch zwey andere Quellen vorhanden, also in allem drey, wie dies von mir in den von Crellischen chymischen Annalen und Baldingerschen Magazin für Aerzte schon gesagt ist.

Die Quellen liegen an der Südostseite, in einem angenehmen Thal, auf dem Salzwerke, nahe an dem Arm des Emmer-Flusses und der Brücke, die über diesen Arm, nach der Dingenauer Mühle zu, geführt ist, in einer etwa guten Viertelstündigen Entfernung von der Pyrmonter Haupt-Stahlquelle. Sie liegen von allen Quellen in Pyrmont, den Neubrunnen ausgenommen, am allerniedrigsten, und er Unterschied in Ansehung der Höhe des letztern mit der erstern, mag sich ohngefehr auf 60 bis 80 Fuß belaufen, so viel also die Pyrmonter Stahlquellen höher und die neuen Salzwasserquellen niedriger liegen mögen; daher es fast immer bergunter geht, wenn man von Pyrmont aus durch Oesdorf (ein grade an die Pyrmonter Neustadt anstoßendes Dorf!) dahin gehen will. Jede Quelle ist besonders eingefaßt, mit einem Viereck, das aus eichenen Brettern zusammen-gesetzt ist, wovin das erstere Viereck der alten oder der ersten Quelle und das letztere der dritten Quelle etwa 4 Fuß im Durchmesser, das Viereck aber der zweiten

62

Quelle, nämlich das des süßen Wassers, nur 2 Fuß im Durchmesser haben, und worin das Wasser in diesem Viereck etwa höchstens 1 ½, in jenen beyden Einfassungen aber wohl 2 ½ Fuß hoch, stehen mag. Die Quelle des süßen Wassers ist mit einem Deckel zugedeckt; aber die erste Quelle ist offen, vermuthlich darum: weil das Wasser, außer einem andern Gebrauch, zum Ausschwenken der Bouteillen gebraucht wird, die nachher mit dem Wasser der dritten oder der Hauptquelle angefüllt werden sollen; und weil anderntheils in dem Bassin der Quelle eine Pumpe angebracht ist, wodurch das durch das Ausspülen der Bouteillen oft verunreinigte Wasser ausgepumpt und die Quelle dadurch wieder gereinigt werden kann. Die dritte oder die Hauptquelle, ist mit einem kleinen Häuschen überbauet, und ist daher bey trocknem sowohl vor dem Hereinstrahlen der Sonne, als auch vor jeder Verunreinigung des Wassers mit fremden Körpern, beschützt. Der Abfluß dieser Haupt- und der der Quelle des süßen Wassers, beyde Abflüsse sind in die erste Quelle geleitet und machen damit ein gemischtes Wasser, dessen Abfluß in den Arm des Emmer-Flusses geführt ist. Die beyden Quellen des kochsalzigen Wassers liegen in gerader Linie, etwa 2 Fuß von einander, an der Seite des Flusses. Die Quelle des süßen Wassers liegt dem Flusse und er ersten und der dritten Quelle entfernter, der Wohnung des hiesigen Salz-Inspectors näher, jedoch so, daß alle drey Quellen fast ein vollkommnes Dreyeck bilden. Die sämmtlichen Quellen sind mit einem Damm umzogen, etwa 2 bis 3 Fuß hoch, der von Erde ausgeführt und mit Rasen belegt ist, den man aber von der Seite nach Pyrmont mit einem Eingang von 5 Stufen versehen hat, wovon jede Stufe auch mit Rasen bedeckt ist. Für eine trockne Zeit, wo die Emmer klein ist, mag der erdene Damm gut seyn; sobald es aber anhaltenden Regen gibt und das Wasser des Emmer-Flusses aus seinem Ufer tritt, so tritt es auch über jenen Damm, bricht durch die Ritzen der Hauptquelle, überschwemmt und verunreinigt sowohl die eine als die andere Quelle, und macht dadurch das Wasser aller Quellen auf eine kurze Zeit unbrauchbar. Recht übel ists also, daß diese Wasser so nah an dem Arm der Emmer – ja fast in dem Arm der Emmer selbst, liegen! Uebrigens stehen sie doch mit dem Wasser des Emmer-Flusses in keiner Verbindung, wohl aber die beyden so nahe aneinander liegenden Quellen unter sich; denn ich *habe die eine unbedeckte Quelle, worin die Pumpe steht, mit einem Salzknechte bis auf ohngefehr 1 Fuß ausgepumpt, und fand, daß das Wasser in der Hauptquelle dermaßen sank, daß der Abfluß desselben ganz aufhörte, und wenn ich mich hierin nicht irre, so däucht mich, daß ich das nämliche auch an der Quelle des süßen Wassers bemerkte; auch wenn ich mich darin nicht irre, so däucht mich ebenfalls, daß alle Quellen, die sich hier nur vorfinden mögen, mit einander in Verbindung stehen, mögen sie nun heißen und enthalten wie und was sie wollen, ich wenigstens glaube so etwas, und mein Glaube ruhet auf Gründen.*

Das Wasser derjenigen Quelle, die ich die erste nenne, mochte vielleicht schon viele hunderte von Jahren aus dem Schooße der Erde hervorgequollen seyn, ehe es durch das aufmerksame Auge eines nicht mehr lebenden, sondern jetzt schon seit Februar 1791 sanft ruhenden Mannes entdeckt wurde. Man darf also nicht sagen, daß dies Wasser erst jetzt entdeckt sey. Ich selbst sagte das in den vorhin angeführten Schriften, aber ich irrte mich. Eine genauere Nachricht, die ich, seitdem ich das dort niederschrieb, über diesen Gegenstand einzog, lautet wie folget. Ich habe sie von Jemand, der in der Sache unpartheyisch denkt, und dem ich also, ohne ein Wort zu bezweifeln, allen Glauben beymessen kann.

*Diese Quelle wurde durch Zufall entdeckt, in den Jahren vor dem siebenjährigen Krieg unter der Regierung des hochseligen Fürsten Carl Friedrich, dem Vater des jetzt regierenden Fürsten Friedrich zu Waldeck, von einem alten sehr verehrungswürdigen Mann – von einem Manne, der die Rechtschaffenheit selbst war. Meine Leser wollen es mir verzeihen, daß ich sie einen Augenblick mit Worten unterhalte, die ihnen gleichgültig seyn können. Ich hatte nicht das Glück den Fürsten zu kennen, der sich bey seinen Unterthanen durch seine weise und gerechte Regierung in ein ewiges Andenken brachte, wohl aber den Mann, der seinem Fürsten einer der redlichsten und treuesten Diener war, und meine zärtliche Empfindung zu unterdrücken, mit welcher ich mich immer rechtschaffener Männer erinnere, das vermag ich nicht. Der brave Mann nannte sich **Jung**, und war Salzinspector zu Pyrmont. Die*

Entdeckung dieser Quelle geschah durch einen Zufall, der demjenigen ähnlich ist, wodurch mehrere Gesundheitswasser entdeckt seyn sollen.

(Hier soll nun auch das in der Rezension von Trommsdorff angesprochene zweite Kapitel zitiert werden, dessen Inhalt offensichtlich zu den Anfeindungen – s.o. – geführt hat):

Zweytes Capitel.
Von der zu Pyrmont bewunderten Wirkung des neuen Mineral-Salz-Wassers der Haupt-quelle.

Man hat, so viel ich weiß und selbst gehört habe, in der großen Allee zu Pyrmont, von dem neuen Mineral-Salz-Wasser ein Wesen gemacht, als wenn es das ewige Lebens-Wasser wäre, da es doch, wenn man es im Lichten besieht, seine fünf Sinne zusammen nimmt, und vernünftig, und mit kaltem Blute betrachtet, nichts mehr zu leisten vermag, als was andere Mineralwasser, den ähnlichen Bestandtheilen und Wirkungen auf den menschlichen Körper nach, zu wirken vermögen, und dann nichts mehr ist, als eine wirkliche schwache Kochsalzquelle, deren Unterschied in Ansehung der Menge des Kochsalzes von derjenigen der eigentlichen Sohlenquelle gar nicht beträchtlich ist, das also auch nichts mehr leisten kann, als was andere etwas stärkere Sohlenquellen leisten können.

6.4 Ausgewählte Beiträge in *CRELLs Chemischen Annalen*

*Chemische Annalen für die Freunde der Naturlehre,
Arzneygelahrtheit, Haushaltungskunst und Manufakturen* – Hrsg.
Lorenz Florenz Friedrich CRELL
1789, Teil 2, S. 410-415

V.
Einige Beobachtungen über den Pyrmonter Brodelbrunnen; vom Hrn. Piepenbring.

Diese Quelle, wovon ich gegenwärtig reden werde, ist nicht die Trinkbrunnens, sondern die 44 Fuß von dem Trinkbrunnen liegende Badequelle. Diese Quelle gibt im Winter dem naturforschenden Auge einen sehr merkwürdigen und schönen Anblick; da sie bey 21° Kälte nach Reaumur, einen solchen Dampf von sich gibt, als wenn er aus einer Menge kochenden Wassers entspränge. Er breitet sich oft so sehr aus, daß der ganze Brunnenplatz und noch ein weiterer Umkreis davon eingenommen wird; welches ab nur bey windstillen Abenden gesehen werden kann, wenn heller Mondschein ist. Gewiß kann man bey solchen hellen Abenden hier eine schöne Erscheinung sehen: denn, hat der Mond seine Richtung so, daß die Häuser und Boutiquen sich im Schatten befinden, das Brunnenhaus dagegen aber von dem Monde erleuchtet wird, und man nun aus dem Schatten, das von dem Mond erhellte Brunnenhaus ansieht; so sieht man den aus der Quelle hervorkommenden Dampf mahlerischschön wolkenmäßig in die Höhe steigen. Seip erwähnt dieses merkwürdigen Umstandes gar nicht.

Lange hatte ich jene Erscheinung bewundert, ohne über die Ursachen nachzudenken, warum man einen solchen Dampf nur blos im Winter bey einem solchen Grad von Kälte sehen könne, und warum dieser Dampf gerade in die Höhe gehe, und nicht wie im Sommer 2-3' über der Quelle liegen bleibe. Jetzt scheint der Grund darinn zu liegen: daß nemlich bey einem gewissen Grade von Kälte, der alle Ausdünstungen so sehr hemmt, die Atmosphäre weit reiner und deshalb der Badebrunnendampf, sichtbar sey. Dagegen aber im

Sommer nehmen die unzähligen Ausdünstungen tausendfacher Art solchen Dampf theils in sich, wodurch er, als solcher, größtentheils unsichtbar wird: ein anderer Theil desselben aber wird durch den Druck der unreinen und schwereren Atmosphäre ein paar Fuß niedergedrückt.

Um zu sehen, wie der Dampf aus der Quelle hervorkäme, und ob er einen Geruch von sich gebe, ging ich in die Quelle oder in deren Einfassung und bemerkte, daß er vollkommen roch und auf die Zunge fiel, wie die Luftsäure des Trinkbrunnens und auch wirklich nach und nach das Athemholen beschwerlich machte. Aus Hrn. Westrumbs Schriften wußte ich, daß der Dunst der hiesigen Schwefelgrube nichts anders sey, als Luftsäure. Nach dessen Versuchen, (B. 2. Heft 1. seiner physikalisch-chem. Abhandl.) stellte ich einige derselben auch in diesem Dampfe und zwar an dem Tage an, wo wir die angeführte Kälte 21° Reaumur, hatten. Ich fand folgende Eigenschaften mit dem Dunste der Schwefelgrube gemein; als: 1) Seifenblasen stiegen in die Höhe. 2) Lackmustinktur röthete sich. 3) Kalkwasser auf den in der Quelle befindlichen Gang gestellt, wurde sofort trübe und gab einige Flocken Kalkerdenniederschlag. 4) Kaustisch vegetabilische Schwefelleberauflösugn trübte sich. 5) Völlig luftleeres ätzendes und flüchtiges Laugensalz schien, nachdem es ein paar Minuten in diesem Dampfe gestanden hatte, auch verändert zu seyn, indem es durch Zutröpfelung einiger Tropfen Säure einiges Brausen erregte. 6) Aus dem Feuersteine ließen sich die Funken schwer schlagen. 7) Licht brannte matt darinn.

Daß diese zwey letzten Versuche anders, wie die in der Schwefelgrube angestellten ausfielen, mochte wohl die sich mit ins Spiel mischende äußere Atmosphäre verursachen.

Während dem Aufenthalt in dieser Quelle und als ich mich auf die über dem Wasser angebrachte Bank setzte, bemerkte ich neben dem vorhin erwähnten, der Luftsäure gleich riechenden und auf die Zunge fallenden Geschmack auch eine und zwar eine merkliche Wärme, wie schon Hr. Seip bemerkte. In einem andern Buche wurde die Wärme des Dunstes verneint, und zwar aus dem Grunde, weil man am Thermometer gesehen haben wolle, was nicht gesehen werden konnte; weil das Thermometer in der Grube eher falle, wie steige; und weil auch Hrn Seips Beobachtung (§. 70. S.

156.), der Dunst zur Winterszeit oft durch den Schnee hervorkomme, ohne solchen zu schmelzen. Was diese letztere Bemerkung anbetrift, so weiß ich nicht, ob Hr. Sep hierüber eine genaue Beobachtung anstellte: denn ich finde gerade das Gegentheil. Luftsaurer Dunst, der außer der Einfassunf des Badebrunnens hervorbricht, läst im Winter, (wenn nur nicht die Kälte gar zu strenge ist,) nich den fallenden Schnee liegen, sondern schmelzt ihn. Noch eine besondere Stelle in Pyrmont, ohngefähr 2′ im Durchschnitt, und etwa 7-8′ von der Apotheke, gewährt die nemliche Erscheinung: nemlich, in diesem Umkreise bricht ebenfalls luftsaure Dunst hervor, der bey einem nicht zu hohen Grad von Kälte den darauf fallenden Schnee nicht liegen läst.

Aus seinen Bemerkungen zieht Hr. Seip (a.a.O.) die Folge, daß der Dunst gar nicht, wie eine warme Materie sich bezeige, wenigstens müste seine Wärme unter 61 Grad seyn. Dieses stimmt mit dem überein, was der Pater Della Torre von der Hundshöhle bey Neapel gesagt hat, die mit der Dunsthöhle zu Pyrmont einer Natur ist: Er führet nemlich an, daß das Thermometer eher darinn fällt, als daß es steigen sollte.

Als ich im vorigen Sommer 1788, des Fürsten Ezartorinsky würdigen Leiarzt, Hrn v. Golz kennen zu lernen und öfters mit ihm zu sprechen die Ehre hatte, äußerte er auch seine Meynung über die Wirkung des Dunstes der Schwefelgrube. Nach ihm, wäre die empfundene Wärme von dem Dunste, nicht einer unmittelbar darinn befindlichen wahren Wärme, sondern dem Reizen und häufigen Prickeln der ausströmenden Luftsäure zuzuschreiben, ohnegefähr wie die spanischen Fliegen, da, wo sie auf die Haut wirken, eine solche Wärme erregen. Einige andere angesehene naturkundiger, unter andern Hr. Ilsemann, äußerten entgegengesetzte Meynungen.

Ich bemühte mich zu erforschen, welch dieser Meynunge sich, als Wahrheit, zeigen würde. Um mich nicht von einem Schein trügen zu lassen, wandte ich mich nun zuförderst zu meinem Reaumurschen Thermometer, stellte es in die Badequellendunst und eben dahin, wo vorher mein Kalkwasser gestanden hatte. In kurzer Zeit sahe ich das Quecksilber von 16 bis zu 7 Grad Kälte, kommen. Ein kaltes Gemisch aus Oehl und Talg, welches ich in diesen Dunst und in die Oberfläche des Wassers stellte, zerschmolz nicht, wie in der Dunstgrube, welches natürlich war, weil es hier wegen des Zutritts der äußern Luft an dem Grade der Wärme fehlte; dennoch aber nahm die Mischung ein durchsichtigerd Ansehen an, und wurde weicher. Wasser, das dem Gefrierpinkte nahe war und in diesen Dunst gesetzt wurde, nahm wirklich Wärme an, wie dies mein Themometer zeigte.

Diese Versuche beweisen demnach deutlich genug, daß der Dunst des Badebrunnens Wärme an sich habe: und irrete daher Hr. Ilsemann nicht, wenn er der gedachten Meynung war. Auch irrete sich eben aus eben diesem Grunde unser allgemein geschätzter verdienstvoller Chemist, Herr Westrumb, keineswegs, wenn er sich das Resultat von seinen Versuchen in der Schwefelgrube machte, daß die Wärme des Dunstes die Ursach des Schmelzens eines Gemisches aus Oehl und Talg, seyn müste.

Nun ist aber die Frage? Wie, und auf welche Art hat der Dunst des Brodelbrunnens Wärme an sich. Sollten wohl nicht alle luftsauren Ausdünstungen, sie kommen auf eine Art hervor, wie sie wollen, Folgen eines unterirdischen Feuers seyn? ich glaube dieses. Mir wenigstens scheint unter denen, vom Hrn Westrumb (phys.-Chem. Abhandl. 2. B. 1. H. 224. S.) angeführten Meynungen über diesen Gegenstand, dies die wahrscheinlichste, weil in dieser Gegend genug Körper vorhanden sind, die einem unterirdischen Feuer seine Existenz geben können *).

*) Bey Uebersendung dieser Bemerkungen meldete Hr. p. zugleich, mit einem teilnehmenden Herzen, den Tod seines Freundes, des Hrn. Hofapothekers, Joh. Dietr. K r ü g e r, zu Arolsen, im 60 Jahre. Außer seinen gründlichen Kenntnissen in der Chemie, von der ich selbst aus etlichen Briefen mich überzeugte, und seiner Vorliebe zur Botanik, welcher wir die Kenntniß der Pfeffermünze i Deutschland mit verdanken, rühmt Hr. P. vorzüglich seine edele Denkungsart, und seine unabläßige Treue in Ausübung aller seiner Pflichte gegen die Religion, seinen Beruf, seine Angehörigen und Freunde, ja gegen alle Menschen, da Wohlthätigkeit ein Hauptzug seines Charakters war. Gern würde ich, wenn nicht Mangel an Raum, und noch einige Gründe es hinderten, das ganze Denkmahl hier hersetze, welches Hr. P. so gut, aus vollem Herzen entwarf: dies wenige aber ist man dem

Andenken eines Mannes schuldig, der mit besondrer Kenntniß und Liebe zur Chemie, eine so rechtschaffene Denkungsart verband.

L. C.

D. Frankenau:

Wird als Däne bezeichnet, Arzt im damals dänischen Altona.

Im „Nordischen Archiv für Natur- und Arzneywissenschaft und Chirurgie", Band 2 (Hrsg. Professor Pfaff in Kiel, Dr. Scheel in Kopenhagen und Professor Rudolphi in Greifswalde), Kopenhagen 1801, S. 199 („Intelligenzblatt. Beförderungen und Ehrenbezeugungen") ist zu lesen:

„Dr. *Frankenau, Mynster* und *Scheel*, sind als ordentl. Mitglieder in die Königl. Kopenhagner Med. Societät, (...) als Ehrenmitglied aufgenommen worden."

Starb in Kopenhagen.

Med. Dr. *Erasmus de Franckenau* oder Rasmus Frankenau, wie er sich selbst zu schreiben pflegte, war früher Landphysicus zu Arendahl in Norwegen und dann seit 1810 Arzt am Hospitale zu Slagelse auf Seeland. († 1814, geb. zu Copenhagen d. 6. Jan. 1767) aus: „Medicinische Schriftsteller-Lexicon der jetzt lebenden Aerzte, Wundärzte, Geburtshelfer, Apotheker, und Naturforscher aller gebildeter Völker." 25. Band, Copenhagen 1837. (Hrsg. Adolph Carl Peter Callisen)

Schrieb über Skorbut (1795)

„FRANKENAU (Erasmus), ein dänischer Arzt, geb. 1767, practicirte in Kopenhagen und starb daselbst 1815. Außer mehren populär-medicinischen Artikeln, einer dänischen Zeitschrift, und verschiedenen Abhandlungen und Beobachtungen in den Acta societatis medicae Hafniensis hat sich Frankenau durch drei in dänischer Sprache geschriebene Bücher bekannt gemacht, von denen zwei auch ins Teutsche übersetzt worden sind: Pyrmont und sein Gesundbrunnen (Kopenhagen 1798.) (Ersamus Frankenau, Pyrmont und sein Gesundbrunnen im Sommer 1798. Aus dem Dänischen (Altenburg 1799). Diese Satyre auf Pyrmont rief eine anonyme Gegenschrift hervor: Pyrmonts Merkwürdigkeiten etc. Mit Hinsicht auf Frankenau's Schrift: Pyrmont und seine Gesundbrunnen. (Leipzig 1800.) Abhandlung über die Pest. (Kopenhagen 1800.) Die öffentliche Gesundheitspolizei etc.

(Kopenhagen 1801.) (Erasmus Frankenau: Die öffentliche Gesundheitspolizei unter einer aufgeklärten Regierung, besonders mit Hinsicht auf die dänischen Staaten und ihre Hauptstadt. Ein Handbuch für Beamte und Bürger. Aus dem Dänischen übersetzt von Fangel. Kopenhagen 1804) (F.W.Theile)
Aus: Allgemeine Encyklopädie der Wissenschaften und Künste... (Hrsg. J. S. Ersch u. J. G. Gruber), 47 Teil, Brockhaus, Leipzig 1848. S. 223-224.

Der folgende Textauszug verrät uns Viel vom Charakter Piepenbrings – vor allem auch von seinen Einstellungen als Mediziner sowie auch medizinischer Schriftsteller. Die wichtigsten Textstellen, in denen sich die Ansichten Piepenbrings am deutlichsten zeigen, wurden im Folgenden aus seiner Schrift ausgewählt und dem Text von Frankenau gegenüber gestellt.

B e m e r k u n g e n
über die Schrift
des
H e r r n D o c t o r F r a n k e n a u
Pyrmont betreffend.

_____

Zur Notiz
Für
A e r z t e,
Brunnengäste und Badegäste.
Vom
D o c t o r P i e p e n b r i n g.

_____

Zugleich ein Wort
über die eben in Leipzig erschienenen Pyrmonts
M e r k w ü r d i g k e i t e n.

_____

1 8 0 1.

71

Vorbericht.

Wenn man in dem Vorberichte der Frankenauischen Schrift über Pyrmont die ersten beyden Seiten lieset, so sollte man glauben, wie so außerordentlich wichtig das sey, was man nun wieder über Pyrmont zu hören habe. Und doch muß der unpartheyische Leser bey näherer Prüfung in seinen Erwartungen sich völlig getäuscht sehen; gestehen, daß er ein Büchelchen vor sich habe, welches fast mit lauter unrichtigen Darstellungen und Ausdrücken angefüllet ist. Der gar nicht die beste Absicht des Herrn Doctors verrathen.

Diese Bemerkungen bewogen denn auch mich, aus Liebe zur Wahrheit gegen die Behauptungen des Hrn. D. Frankenau anzutreten. Vorlich werde ich iedoch den ärztlichen Theil betrachten, weil dieser der wichtigste im ganzen Franeknauischen Buche ist, und er allerdings Pyrmont schaden kann, in so fern als es nemlich viele Menschen gibt, die gern blindlings das glauben, was man ihnen vorschwatzt. Den übrigen Inhalt betrachte ich nur im Vorbeygehen. Frankenau's Buch meiner Prüfung zu unterwerfen, dazu bin ich weder von einem Fürsten noch von sonst iemand aufgefordert worden.

Glauben sollte ich nicht, daß ich darin irgend iemand zu nahe getreten wäre, wenigstens ist es nicht meine Art, so etwas absichtlich zu thun. Sehr viele Menschen kommen bey mir gar nicht in Betracht, und die übrigen lasse ich gern in Ruhe, wenn nur nicht sie mich in der meinigen stören. Was indeß gesagt werden mußte um das vorgesteckte Ziel zu erreichen, und Wahrheit ist, da habe ich meiner Feder freyen Lauf gelassen. Auch ich stehe meinen Gegner mit offenem Visir. Der Schriftsteller muß nach meinen Grundsätzen entweder schweigen oder den geraden Weg der Wahrheit gehen.

Die Welt liegt einmal im Argen, – da es nun möglich ist, daß ich dem Einen oder Andern irgendwo ein Compliment gemacht habe, so möchte mancher glauben, es sey' das mit Vorbedacht geschehen, vielleicht um dadurch ein paar sogenannte Freunde mehr zu

72

erhalten. Aber man kennt mich hierin viel zu wenig. Wer mich leiden mag ist gut, wer mich nicht leiden mag ist für mich eben so gut; ich gehe meinen Gang. Durch Schmeicheleyen mag ich nichts für mich gewinnen, keine Menschen, kein Haab und Gut. Was ich bin das bin ich durch eigenes Verdienst; was ich habe, will ich durch Verdienst haben. Etwas auf anderm Wege zu suchen, würdigt zu sehr herab. Das von mir in dieser Schrift hin und wieder eingestreute Lob gründet sich demnach auf Wahrheit, so wie umgekehrt die Wahrheitslücke allein mich zum Tadeln bewog.

Ueber die eben in Leipzig erschienen Pyrmonts Merkwürdigkeiten folgt hier auch mein Urtheil.

Dieser Schrift soll noch eine andere folgen, unter dem Titel:
Beschreibung
aller Pyrmonter Mineralquellen
und
der hauptsächlichen Merkwürdig-
keiten der Gegend von Pyrmont.

Meinberg
zur Oster-Messe 1801.

Der Verfasser.

Bemerkungen
über die Schrift
des
Herrn Doctor Frankenau,
Pyrmont betreffend.

––––––––––––

Ehe Herr D. Frankenau zu dem eigentlichen Inhalt seines Buches übergeht, schickt er demselben eine Einleitung voraus, in welche es gleich Anfangs heißt: Wieder ein Scherflein von geringem Werthe zu der großen Summe von Reisebemerkungen, welche in unserm schreibseligen Zeitalter so manchen Buchladen füllten, und dies Scherflein ist umso unerwarteter, da der weit und breit berühmte

Marcard bereits vor langer Zeit uns das berüchtigte Pyrmont als irdisches Paradies, als ein non plus ultra *geschildert hat.*

Aber hier hätte Frankenau lieber sagen sollen: Wieder ein Scherflein von eigentlich gar keinem Werthe, denn in dem ganzen Buche findet man nur so wenig von eigentlichem Werthe, daß dasselbe gegen das Viele von Unwerth nicht wohl in Betracht kommen kann. Dann ist auch das sogenannte Scherflein darum nun um desto unerwarteter, indem es von einem Manne kam, der zwar reich an hämischen Ausfällen ist, welche aber es, dem Unscheine nach, durchaus an wissenschaftlichen Kenntnissen so wohl, als auch an hinreichender Localbekanntschaft des Orts, den er schildert, fehlt. Denn hätte er diese von Pyrmont gehabt, so würde er wahrscheinlich ein richtiges Titelblatt entworfen, und anstatt s e i n Gesundbrunnen gewiß s e i n e Gesundbr. geschrieben haben, weil bekanntlich in Pyrmont mehrere Mineralquellen sind.
Frankenau rügt ferner, daß Marcard Pyrmont als ein irdisches Paradies geschildert habe. Dies ist ihm wohl zu verzeihen, so wie auch es ihm zu verzeihen wäre, wenn er die Schilderung ein wenig übertrieben hätte. Es giebt doch immer nur ein Pyrmont, in iedem Sinne genommen, ein häufig besuchter Ort von so vielen größern und kleinern Landesregenten, der wegen seiner Lage so viele Annehmlichkeiten hat, wo so viel Glanz herrscht, und Freude und Wonne in Fülle zu genießen ist.
Frankenau will ferner von Pyrmont keine eigentliche Beschreibung geben, vielmehr von diesem Bade nur eine Skitze entwerfen, die den Zustand desselben schildern soll – ein recht reitzendes Thal; in den Tagen der Vorzeit, nach der Sage ein Bach, wo sich das, unter Arminius und seiner Waffenbrüdern Klingen, stromweis vergossene Römerblut hinzog; und in den letzten Jahrhunderter ein Assembleesal für den menschlichen Aberglauben. Wie leppisch ist letzteres! Frankenau spricht von Aberglauben und Vorurtheilen, und gerade er scheint ein Mann zu seyn, der durch und durch von Vorurtheilen eingenommen ist; ia er selbst scheint zu ienen Kranken zu gehören, bey welchen das Vorurtheil herrscht, daß nicht so wohl der Gebrauch des Bades oder das Trinken des Mineralwassers, sondern die dasselbe begleitende Umstände das

meist zur Wiederherstellung der geschwächten Gesundheit beytragen, da dem doch nicht so ist, wie man weiter unten hören wird.

Es kann wol möglich seyn, daß Viele auf des berühmten Marcards Zeugniß über die wundervollen Tugenden des Pyrmonter Gesundbrunnenwassers sich berufen, ob es mir gleich nicht erinnerlich ist, irgendwo etwas von wundervollen Tugenden des einen, oder andern Mineralwassers gelesen zu haben. Wundervolle Tugenden eines Mineralwassers, sind überhaupt eben nicht gedenkbar, und Frankenau's Behauptung, „Alle berufen sich etc." ist mehr die Behauptung eines Windbeutels, als die Behauptung eines vernünftigen Mannes. Hat denn auch gleich Marcards Buch manchen blanken Thaler in die Tasche des Herrn Leibarztes und der Einwohner Pyrmonts gebracht, so ist das ia beyden Theilen sehr wohl zu gönnen. Frankenau aber scheint nicht so zu denken, vielmehr der Meynung zu seyn, man müsse alle Kräfte aufbieten, dem reissenden Strom des Vorurtheils, welches durch eine so lange Reihe von Jahren, den einzig seligmachenden Glauben an dieses und an anderes sogenanntes Wunderwasser vn Gesundbrunnen, erhalten hat, entgegen zu arbeiten, das heißt sie verdächtig zu machen und aus der Reihe der wirklich wirksamen Arzneymittel auszustoßen. Was für ein wackrer Mann F r a n k e n a u nich ist!

Wie Frankenau übrigens dazu gekommen ist, Pyrmont das berüchtigte Pyrmont zu nennen, ist wahrhaftig nicht einzusehen. Berüchtigt heißt Etwas das im bösen Rufe ist. Also wenn man sagt: das berüchtigte Pyrmont, dann sagt man zugleich, das im bösen Rufe stehende Pyrmont. Nun steht aber Pyrmont noch in gutem Rufe, und bloß ein Frankenau scheint darauf auszugehen, diesen so berühmten Brunnenort in bösen Ruf zu bringen, und ihm besonders bey seinen Landesleuten, den Dänen verdächtig machen zu wollen. Allein dies ist eine vergebliche Mühe, und sein Individuum wird, hoffe ich, zu schwach seyn, so etwas zu beweisen; das Zutrauen, welches man bis dahin auf die Wirkung der Mineralwasser mit Recht gesetzt hat, wird Frankenau's Geschwätz nicht aufheben.

Nachdem ich nun die Einleitung zu des berüchtigten Herrn Doctors Buche einigermaßen abgefertigt habe, will ich ietzt zu der Betrachtung der einzelnen Paragraphe übergehen. Die, welche es *nicht verdienen, besonders gewürdigt zu werden, übergehe ich mit Stillschweigen.*

§. I. Ehedem war es nur der Adel allein, sagt Frankenau, welcher ein so kostbare Reise nach Pyrmont unternahm; nicht gerade der Gesundheit wegen, sondern um doch die Langeweile zu tödten, und zugleich seine Herrlichkeiten von Bändern, Sternen und Orden, auch Andere als nur den Verdammten seines Vaterlandes zu zeigen. Nun reisen die Leute aus allen Ständen dahin; und die Aerzte haben gefunden, daß eine solche Reise ihnen ein herrlicher Nothanker ist, um, wenigstens auf einige Zeit hin, einen Patienten los zu werden, wenn ihre Kunst an den verborgenen Klippen der Krankheit Schiffbruch leidet.

Es ist sehr unrecht, daß ehedem der Adel allein nach Pyrmont reisete, und Herr D. Frankenau sollte billig doch so viel gewußt haben, daß die meisten im Gebrauch gekommenen Brunnen die Aufmerksamkeit anderer erst durch den Besuch gemeiner Leute auf sich zogen. Gemeine Leute waren es auch, die zuerst das Pyrmonter Wasser gebrauchten, und nachher reiseten auch Vornehme dahin, so bald als die Heilkräfte des Brunnens mehr erprobt wurden. Frankenau's Behauptung also verhält sich umgekehrt. Jetzt reisen freylich Leute aus allen Ständen nach Pyrmont, ob um Langeweile zu tödten, oder Bänder, Sternen und Orden zu zeigen, das vermag nur ein Frankenau zu behaupten, in so fern als er es im Stande ist, recht tief in das menschliche Herz zu schauen.

Leider! ist es übrigens nicht unwahr, daß mehrere Aerzte sich des Ausweges bedienen, daß sie manche Kranke, die sie nicht helfen können, nach dem einen oder andern Brunnenorte zu reisen anrathen, um sie sich auf einige Zeit vom Halse zu verschaffen. Wenn nur das immer mit Auswahl geschähe, denn möchte dabey weniger zu erinnern seyn. Aber mehrere Aerzte treiben mit Kranken gleichsam einen Handel, und schicken sie dahin, von woher sie die meisten Louisd'or erhalten, und fahren damit so lange fort, als diese nicht ausbleiben. Wie war, und wie ist es möglich, sich so bestechen zu lassen, Rechtschaffenheit und Pflicht zu vergessen, die die Aerzte dem Staate schuldig sind. Und bleibt auch diese Vergessenheit, ia bleibt dies Verbrechen wirklich vor der Welt verborgen und ungestraft, so kommt doch dereinst eine Zeit, wo man über alles, was hieniden geschah, zur Verantwortung und bestraft wird.

(...)

In diesem Stil setzt sich der Text von Piepenbring fort – eine Kritik nicht nur an den Aussagen des dänischen Arztes Frankenau sondern auch an den allgemeinen Zuständen seiner Zeit. Verfolgen wir die Ausführungen Piepenbrings weiter, so sollen im Folgenden nur die Abschnitte zitiert werden, die sich direkt mit den Quellen beschäftigen. Der Text von Frankenau wird jeweils vorangestellt.

FRANKENAU:

„§. 14.

H a u p t b r u n n e n.

Der Wunderbrunnen, dem Pyrmont, nächst dem menschlichen Aberglauben, sein Emporkommen und seinen Flor verdankt, quillt am Ende der großen Allee, auf einem freien Plazze, zu Tage. Ueber der Hauptquelle ist ein achteckigtes Haus mit einem kleinen Thurm erbauet. Um die Quelle, in der Mitte von diesem Hause her, ist eine Vertiefung mit einem Gebäude angebracht. In dieser Vertiefung stehen V i e r bis F ü n f Kerl, welche ohne Aufhören die Gläser von den um das Geländer her zusammenströmenden Kranken annehmen, und ausgefüllt zurück geben. Ich bewundere mit Hrn. M a r c a r d die Willfährigkeit, mit welcher diese Kerle diese ermüdende Arbeit verrichten, indem sie alle Morgen einige Tausend Gläser zu füllen haben. Allein auch hier wirkt das allmächtige Gold.

PIEPENBRING, (der zuvor betont hat, dass er Pyrmont seit 18 Jahren kenne):

§. 14. *Freylich ist die Willfährigkeit sehr zu bewundern, mit welcher die Brunnenknechte die ihnen obliegende Arbeit verrichten, indem sie alle Morgen einige tausend Gläser voll Brunnen zu schöpfen und zu verabreichen haben. F r a n k e n a u irrt aber, wenn er meynt, daß auch hier bloß das allmächtige Gold wirkt. Die Brunnenknechte stehen in Pflicht, iährlichen Lohn, und m ü s s e n einen Jeden ein und mehrere Gläser Brunnen reichen, wer er auch seyn mag. Sie thun das auch gern, gewöhnlich mit Artigkeit, ob sie gleich aus so vieljähriger Erfahrung wissen, daß nicht Alle für sie die Hand in der Tasche haben, vielmehr so Viele wieder abreisen, von welchen sie für vierzehntägige und noch längere Mühe nicht einmal einen Dank erhalten.*

FRANKENAU:

„§. 28.

A u g e n b r u n n e n.

In der Nähe des Hauptbrunnens, nur wenige Schritte davon entfernt, sprudelt der sogenannte A u g e n-   b r u n n e n, in einem kleinen ausgemauerten Bassin, welches Allen und Jeden offen steht, hervor. Er hat seinen Namen von der Kraft, welche man ihm zutrauet, schwache Augen heilen zu können. In wie weit dies wahr ist, kann ich nicht ausmachen. Ich habe ihn selbst probirt, und gefunden, dass das Wasser richtig genug, während man das Auge damit badet, einen gelinden Schmerz verursacht; ungeachtet man nach chemischen Untersuchungen gefunden hat, dass nur 1 ¾ Gran Eisen in 23 Pfund und etwa zwey Gran Salz in jedem Pfunde enthalten sind. Dieser Augenbrunnen wird zu allen Zeiten des Tages

78

fleißig besucht, und ich vermuthe, dass eine Art von mystischem Aberglauben mit dem Gebrauch desselben verbunden seyn muss; denn Alle beobachten dieselbigen Ceremonien. Erst badet man nemlich die Augen, und darauf wäscht man die Hände und das ganze Gesicht; ja, Einige spülen sogar den Mund aus, und spucken dies wieder in den Sprudel. Ich wundere mich sehr darüber, wie doch Damen von der feinen Welt, ohne Ohnmachten zu bekommen, sich dieses Wassers bedienen können, worin so viele Triefäugige ihre schmuzzigen Feuchtigkeiten abgespült haben, und so unzählige wurmstichige Zahne gereinigt worden sind. Doch die wenigsten von den vornehmeren Schönen kommen selbst zu diesem Augenbrunnen hin; sondern sie lassen sich, entweder von ihrem C i c i s b e o [= dienender Kavalier oder Höfling], Bedienten, oder lieben Ehegemahl, Wasser auf ihr Zimmer holen."

PIEPENBRING:
§. 28. Frankenau's Angabe der festen Bestandtheile des Augenbrunnens gründet sich offenbar auf Marcard's Angabe. Aber seitdem Marcard's Brunnenbeschreibung erschien, hat Westrumb die Pyrmonter Mineralwasser nochmals untersucht, und sich aus dessen Untersuchungen, die 1789 dem Publicum vorgelegt wurden, ein anderes Resultat ergeben. Also, als Frankenau sein Buch über Pyrmont schrieb, waren die meisten Versuche, welche mit dem Augenbrunnen angestellt waren, längst bekannt, und es gereicht Frankenau nicht zur Ehre, daß er nur die Summe der fixen Bestandtheile nach der ältern Untersuchung, ganz und gar aber nicht, die der neusten, gedachte. Es kleidet den Schriftsteller eben nicht sehr, in bekannten Dingen sich so unbekannt zu zeigen.

FRANKENAU:
„§ 29.
B r o d e l b r u n n e n.
　　Ungefähr 40 Fuß von der Hauptquelle sprudelt auf dem grossen Platz, gleich am Ende der Hauptallee, der sogenannte B r o d e l b r u n n e n. Diesen Namen führt derselbe schon von uralten Zeiten her, und war von dem Brausen, womit sein Wasser

aus dem Schoosse der Erde hervorkömmt. Das Bassin desselben ält Zwölf Fuss im Durchschnitt, und doch siedet der Brunnen wie ein Braukessel, und bey stillen Abenden kann man sein Brausen in einer weiteren Entfernugn hören. Das Wasser desselben enthält, unter allen hier sprudelnden Quellen, die stärkste Quantität Kohlensäure, und steht Drey Fuss über dem Boden. Dies Wasser wird allein zum Baden gebraucht, und, ungeachtet man alle Tage viele Tonnen voll davon holt; so ist das Bassin doch beständig gleich voll. Die Wärme des Wassers ist 57 Grade, und es friert niemals zu. Queer über dem Bassin sind Zwey Bänke angebracht, welche man, besonders nach Untergang der Sonne, mit Krüppeln beiderley Geschlechts besetzt findet. Es sind meistens Bauersleute, welche hier, wie bey der Dunstgrube, sizzen, um ihre Unterextremitäten zu wärmen, und sie wegen Steifheit, Gicht, Geschwulst u. s. w. zu heilen.

§. 30.
Säuerling.

Eine andere Quellen, der S ä u e r l i n g genannt, sprudelt nicht weit von der Dunstgrube hervor. Das Wasser desselben enthält sehr wenige feste Bestandtheile; kaum über 5 Gran im Pfunde. Dies ist ohen Zweifel die Ursache, dass die Kohlensäure, welche es enthält, sich so deutlich beym Geschmack zu erkennen giebt, ungeachtet es keine grössere Quantität davon bey sich führt, als die übrigen Quellen. Dies Wasser ist wegen seines säuerlichen Geschmacks ein sehr erquickendes und behagliches Getränk, besonders an heissen Sommertagen, und es wird häufig auf den Kaffeehäusern zu einer Pfeife Tabak, anstatt des so erhizzenden und nicht selten mittelmässigen Kaffee's gefordert.

(Zu diesen Abschnitten gibt es von Piepenbring keinen Kommentar.)

FRANKENAU:
„§. 31.
S a l z w e r k und dasige Q u e l l e.

Einen kleinen Spaziergang von P y r m o n t, nicht weit vom Fusse des K ö n i g s b e r g e s, kömmt eine ziemlich reiche S a l z q u e l l e zu Tage. Der Fürst hat hier ein S a l z w e r k anlegen lassen, welches fleissig von den Kurgästen besucht wird.

Sehr nahe bey der Salzquelle sprudelt eine andere Quelle, welche die Charlatanerie, noch nicht zufrieden mit den bereits ausposaunten Wasserörtern, in neueren Zeiten unter ihre Fittige zu nehmen angefangen hat, und welche, nach Herrn M a r c a r d's Ausdruck, gleich wie ein junges aufwachsendes Genie; ‚H e u t e o d e r M o r g e n e i n m a l v o n B e d e u t u n g s e y n w i r d,' – wohl verstanden: daferne die galante Welt, Heute oder Morgen, toller würde, als sie bereits ist. Ungeachtet Herr M a r c a r d, vor V i e r- z e h n Jahren schon, diese Worte schrieb; so scheint es doch nicht, als wenn diese Quelle, der N e u b r u n n e n genannt, der Hoffnung der Ärzte entsprochen habe: denn noch jetzt ist sie nicht recht in den Stand gesetzt, und man hört niemals, dass Jemand das Wasser derselben fordert, welches doch, mit Himbeerenessig und Zucker vermischt, bey heissem Wetter ein h i m m l i s c h e r T r a n k seyn soll.

Dies wären etwa die merwürdigsten Quellen an diesem berühmten Orte; und ich glaube einiger Maassen die Neugierde der Leser befriedigt zu haben, in Ansehung der Schilderung der Lebensart, welche sowohl die höhere als auch die niedere Welt hier, in den Z w e y bis D r e y schönsten Monaten des Jahres führt. (...)

PIEPENBRING:

§. 31. Man hätte es allerdings glauben sollen, daß das nicht weit von der Saline hervorkommende Mineralwasser, der Neubrunnen genannt, heute oder morgen einmal von Bedeutung seyn würde, indem sein Gehalt so etwas mit Recht erwarten ließ. Aber wie oft werden nicht die Menschen in ihren Erwartungen getäuscht, und das war hier bey Marcard der Fall. Sollte der Neubrunnen die Hoffnung der Aerzte entsprechen, so müßte nothendig erst mit seiner Einrichtung eine Veränderung getroffen werden. Dies unterblieb, und so war unmöglich von dem Wasser ärztlichen Gebrauch zu machen.

FRANKENAU:
„§. 32.
B e s t a n d t e i l e des Pyrmonter Wassers;
W i r k u n g davon
und B e m e r k u n g e n darüber.

Die Bestandtheile des P y r m o n t e r Wassers sind: Kohlensäure, aufgelöstes Eisen, Salz, und erdigte Partikeln. Die Ärzte schreiben vorzüglich der Kohlensäure die Wirkung dieses Wassers zu. So viel ist sicher, dass dieser Bestandtheil unter allen andern prädominirt. In 100 Kubikzoll Wasser sind 187 ½ Kubikzoll kohlensaures Gas enthalt. Doch soll das B r ü c k e n a u e r Wasser an diesem Bestandtheil noch reicher seyn, ungeachtet Herr M a r c a r d behauptet, dass die P y r m o n t e r Quelle die grösste Quantität davon unter allen bekannten Quellen enthält. (...)

(Die folgenden Ausführungen über die Wirkung werden ausgelassen, da sie nicht nur polemisch sondern auch überwiegend als sehr persönlich und unsinnig bereits in der damaligen Zeit bezeichnet wurden.)

PIEPENBRING (zu den *Bestandtheilen*):
§. 32. Gleich am Anfange dieses Paragraphen heißt es, „die Bestandtheile des Pyrmonter Wassers sind: Kohlensäure, aufgelöstes Eisen, Salz und erdigte Partikeln." Aber der Pyrmonter Brunnen enthält ia mehrere Salze, und warum sprach Frankenau nicht hier im Plurali? Ferner sagt man nicht gern, mehr erdigte Partikeln, lieber erdigte Körper. Dann sind ia dieser Körper nicht in so genannten reinen Zustande im Wasser vorhanden, sondern mit Säuren verbunden, und sind ia also auch Salze, eben so gewiß, als die übrigen Salze Salze sind. Wieder sind die von Frankenau so genannte erdigte Partikeln nicht lauter erdigte Körper, weil heut zu Tage unter andern die Kalkerde nicht mehr zu den Erden, sondern zu den Alcalien gehört. Doch! Frankenau's Wissen reicht nicht so weit.
(...)

1794 – S. 525-527
(*Von einigen neuen Mineralquellen zu Pyrmont*)
Von Hrn. Dr. P i e p e n b r i n g in Orlinghausen.

Ohnlängst hat man zu Pyrmont drey neue Mineralquellen entdeckt. Die eine davon ist schwach kochsalzhaltig, die andere enthält Luftsäure, schmeckt bittersalzig, und dabey dennoch angenehm. – Es kömmt dem Selterwasser ziemlich gleich, und ist mit Wein und Zucker getrunken, ein liebliches Getränk. Die dritte Quelle, die v i e l Wasser zu Tage führt, enthält, nach meinen Versuchen, die ich jedoch nur im Vorbeygehen machte, viel L u f t s ä u r e, aber, wie es scheint, gebunden; E i s e n aber nicht so viel, als das Pyrmonter Wasser, etwa weniges Bittererde, mehr aber Kalkerde, Glaubersalz und Kochsalz. Zwey Unzen, die in von diesem Wasser in der Geschwindigkeit bis zum Trocknen abdampfte, hinterließen 8 Gran Rückstand, welches für das Pfund zu 16 Unzen 64 Gran beträgt; eine Menge, die in Mineralwässern groß, und medicinisch genommen, von Bedeutung ist. Das Wasser schmeckt sehr salzig, und ist unangenehm zu trinken. Hr. T r a m p e l hat diese Quellen durch Veranlassung eines dortigen Mannes entdeckt und es ist nicht zu leugnen, daß es gute Mineralwasser sind; nur wünsche ich, daß man ihnen nicht mehr Werth geben mag, als sie verdienen. –

Einige Chemisten sagen, wenn sie versüßten Salzgeist gemacht haben: „ich erhielt so und so viel Naphtha, die sich zu Boden schlug." Ist das aber Salznaphtha? Eine auf dem   W a s s e r s c h w i m m e n d e, äußerst flüchtige, nit einem durchdringenden starken Geruche und Kälte erregenden geschmacke versehne, sich in 10 Theilen Wasser auflösende, und sehr leicht entzündliche Flüssigkeit, die, angezündet, weißer als Weingeist brennt, und nur wenigen und leichten Ruß hinterläßt. Diejenige Flüssigkeit nun, welche in Wasser zu Boden sinkt, nicht so flüchtig ist oder so leicht verdunstet, sich nicht in Wasser, noch weniger in 10 Theilen desselben auflöst, und mit einer größern rußichten Flamme brennt, und weit mehr Ruß hinterläßt, ist das Naphtha? Jenes sind die Kennzeichen einer Naphtha, und dieses die Kennzeichen einer Flüssigkeit, die ganz die Eigenschaften eines ätherischen, etwa das Zimmt- oder Nelken- und Fenchelsamen- oder

Anisöhls hat. Dies ist das E n t s c h e i d u n g s g e s e t z zwischen b e y d e n F l ü s s i g k e i t e n. Salznaphtha zu bereiten, ist noch immer ein Problem. Das, was man Ende bey vorsichtigen Destillationen der versüßten Salzsäure nach Westrumb's Vorschrift erhält, und in der Vorlage zu Boden sinkt, oder da, was unter andern Hr. S c h r a d e r in Berlin, (S. chem. Ann. J. 1792 St. 4, S. 331.) in dem Gefäße unten auf dem Boden erhielt, als er die dephlogistrirte salzsaure Luft mit Weingeist zur Naphtha behandelte, ist nichts anderes, als Salzöhl. Salznaphtha, im obigen Sinne, worin es auch mehrere andere nehmen, haben wir noch immer nicht, wenn man es auch noch so sehr behauptet.

———————

6.5 Über das Düngesalz

Ueber das Düngesalz,
besonders über die zwey Arten desselben, welche in Salzuflen verfertigt werden.
Eine **kurze Nachricht** für die Landwirthe der Grafschaft Lippe und der benachbarten Länder,
von D. G e o r g H e i n r i c h P i e p e n b r i n g,
Apotheker zu Meinberg, und Mitglied der botanischen Gesellschaft zu Regensburg, wie auch der Schweizerischen Gesellschaft korrespondirender Aerzte und Wundärzte zu Zürich.
L e i p z i g, by Friedrich Gotthold Jacobäer, 1795.

(Gewidmet "Dem Durchlauchtigsten Fürsten und Herren **Friedrich Wilhelm Leopold**, regierenden Fürsten zur Lippe..."

Wilhelm Leopold (1767-1802) war der erste Fürst von Lippe. Er war der Sohn des Grafen Simon August (1727-1782) von Lippe aus dessen zweiter Ehe mit Maria Leopoldine (1746-1769) von Anhalt-Dessau. Nach dem Tod seines Vaters wurde er zu seinem Onkel Leopold III. Friedrich Franz von Anhalt-Dessau und von diesem auf das berühmte Philanthropinum des Pädagogen Basedow in Dessau geschickt. Mit 18 Jahren studierte er auch in Leipzig. Im November

1789 übernahm er die Regierung und bereits 1790 kam eine diagnostizierte Geistesstörung zum Ausbruch, die eine Entmündigung durch das Reichskammergericht zur Folge hatte. 1795 jedoch wurde sie nach einer Besserung der Erkrankung bedingt wieder aufgehoben. 1796 heiratete er Pauline (1769-1820) von Anhalt-Bernburg. Sie wurde seine engste Beraterin. Der Fürst wurde wieder gesund, starb dann jedoch 1802 an einer Darmtuberkulose, unter deren Einfluss sich auch die Geistesstörung mit einem Gedächtnisverlust wieder einstellte. Die geistige Erkrankung spielte auch in der Biographie des Arztes Trampel (s.o. unter Meinberg) eine Rolle. Die Regentschaft bis zur Volljährigkeit des Erbprinzen und späteren Fürsten Leopold II. übernahm dessen Mutter Pauline.

Lange vor der Düngertheorie des Chemikers Justus von Liebig beschäftigte sich Piepenbring mit Fragen zur richtigen Zusammensetzung von Düngesalzen für eine optimale Pflanzenernährung. Aus seiner Schrift werden im Folgenden einige agrikulturchemische Aspekte zitiert – am Beispiel der Salze von den Salinen in **Salzuflen** und **Pyrmont**:

Er stellt zunächst fest:
§.1. (...) Es ist eine ausgemachte Sache, daß Wasser und Salze zur Fruchtbarmachung des Erdreichs beytragen, und beyde Theile ohne allem Zweifel dazu erforderlich sind. (...)

§. 3. So gut der Einfall auch war, die Abfälle der Salinen, die man vorher als unnütz wegwarf, nunmehro zum Besten des Ackerbaues zu verwenden, so unzweckmäßig war denn doch meistens die Zusammensetzung dieser Abfälle. (...)

§. 4. Die Verschiedenheit aber, daß auf der einen Saline dies Düngesalz, und auf einer andern Saline jenes Düngesalz wieder anders beschaffen ist, kann dem Landmann unmöglich gleichgültig seyn. Ich will mich hier blos nur auf 2 Düngesalze, auf das Salzufelische und Pyrmontische Düngesalz einschränken.

Das Salzufelische Düngesalz besteht aus vielen, hingegen das Pyrmontische aus wenigen salzigten Bestandtheilen.

Eine Pflanze nun, die z.B. 8 Theile Kochsalz [= Natriumchlorid]*, 3 Theile Vitriolweinstein* [= Kaliumsulfat]*, 6 Theile Gyps* [= Calciumsulfat]*, 4 Theile Digestivsalz* [= Natriumsulfat]*, 5 Theile freyes Laugensalz* [Kaliumcarbonat bzw. Kaliumoxid]*, 6 Theile Kalkerde* [= Calciumoxid]*, 3 Theile Bittererde* [= Magnesiumoxid]*, 3 Theile Alaunerde* [= Aluminiumoxid] *und zwey Theile Eisen, oder kurz die viel salzigte Theile enthält, ist freylich für das Salzufelische, hingegen eine andere Pflanze, die z.B. 15 Theile Kalkerde, 6 Theile Bittererde, 3 Theile Alaunerde, 2 Theile Eisen, 3 Theile Kochsalz, 2 Theile Vitriolweinstein, 4 Theile Gyps, 2 Theile Digestivsalz, 3 Theile feyes Laugensalz, oder kurz chemische Erden enthält, gar nicht für das Salzufelische, sondern nur für das Pyrmontische Düngesalt passend. Und man wird gewiß Erfahrungen gemacht haben, daß das Salzufelische Düngesalz, bey den Getreiden und Gewächsen angewendet, die viele erdigte Theile lieben, Schaden verursachte, statt das Pyrmontische dabey mit Nutzen gebraucht wurde, daher denn dies Düngesalz in hiesigen Gegenden wohl den Nutzen erhalten mochte, den das Salzufelische Düngesalz nicht erhalten konnte. Hingegen rühmen wieder einige Landwirthe das Salzufelische Düngesalz aus der Erfahrung, weil sie gute Erfolg aus der Anwendung desselben sehen, natürlich weil sie es bey Gewächsen mit vielen salzigten Bestandtheilen anwendeten, die also auch ein salzigtes Düngesalz, wie das Salzufelische, bedurften. Und eben dergleichen gemachte Erfahrungen machten wohl die Ursach seyn, weswegen man anfing die Getreide und Gewächse chemisch zu untersuchen.*

§. 6. Die festen Bestandtheile der Gewächse sind: Kochsalz, Digestivsalz, Salmiak [= Ammoniumchlorid]*, Vitriolweinstein, freyes Laugensalz, Kalkerde, Bittererde, Alaunerde, Kieselerde* [= Kieselsäure]*, Eisen. Zwar enthält nicht jede Pflanze alle diese Bestandtheile, aber doch die mehresten davon; indeß enthalten manche sie insgesamt.*

(...)

Wenn ein Gewächs also Kochsalz, Selenit [Varietät des Minerals Gips = Calciumsulfat] *etc. enthält, und diese Bestandtheile in großer Menge führt, so müssen diese Bestandtheile auch in dem Düngesalze enthalten seyn, und dieses sie ebenfalls in großer Menge führen. (...)*

§. 7. Ein Düngesalz muß also nach Gründen zusammengesetzt seyn, wenn es keine widrigen Wirkungen äußern soll, d. h. es muß nicht zu viel und nicht zu wenig Salze, nicht zu viel und nicht zu wenig auflösbare Erden enthalten.

§. 8. Weil das Düngesalz, was man auf den Salinen bereitet, nicht nach Gründen zusammengesetzt wird, so ist es, heißts hier treffend, um den aus der Verschiedenheit entspringenden Schaden, sowohl auf Seiten der Oekonomen als der Salinen selbst, zu rathen: sowohl die Bestandtheile als auch die Menge derselben in einem Düngesalze, durch einen Chymiker bestimmen zu lassen, und nach dieser Bestimmung die damit zu düngenden Gewächse den Landmann zu bestimmen: nur müssen, setze ich hinzu, die Versuche so getroffen seyn, daß das Publikum nicht irre geleitet wird. (...)

Pflanzenaschen
Als die wichtigsten Inhaltsstoffe von Pflanzenaschen werden heute in der Regel nur die Gehalte an Kaliumoxid, Calciumoxid und Phosphorpentoxid angegeben.
Ein differenzierte Analyse der Pflanzennährstoffe zeigt jedoch nach der Bedeutung für das Pflanzenwachstum folgende Reihenfolge:
Kalium – Schwefel (Sulfate) – Calcium - Magnesium
und auch Chlorid.
Diese Elemente in Form von Salzen hat auch Piepenbring schon als die wichtigsten Nährstoffe für Pflanzen erkannt.

Im Zusammenhang mit dem Thema dieser Schrift erschien zwei Jahre später:
„Anleitung zur Kenntniß der verschiedenen **Ackererdarten** und der Düng- und Verbesserungsmittel mit welchen die Felder in jedem Fall am zweckmäßigsten zu düngen und zu verbessern sind,

entworfen für Oeconomen jeden Standes
von D. Georg Heinrich Piepenbring.
Hannover, in Commission der Administration der Ritscherschen
Buchhandlung. 1797."

(Gewidmet wiederum dem „Herrn Friedrich Wilhelm Leopold,
regierenden Fürsten zu Lippe....")

REZENSION in:
Neue allgemeine deutsche Bibliothek, Anh. 1797-1803. Anh. 1-
28.Bd., 1. Abt., 1797 – S. 376-377:

„Ueber das Düngesalz, besonders über die zwey Arten desselben,
welche in Salzufeln verfertigt werden. Eine kurze Nachricht für die
Landwirthe der Grafschaft Lippe und der benachbarten Länder, von
D. George Heinrich Piepenbring. Leipzig bey Friedrich Gotthold
Jacobäer. 1795. gr. 8. 6 H.

Wenn dieses Buch gleich zunächst zum Unterricht für Landwirthe
bestimmt ist, welche ihr Düngesalz aus den Salzufelschen Salinen
holen: so können doch auch andere, welche wegen der
Nachbarschaft anderer Salzwerke die Abgänge derselben zu
Düngung ihrer Felder benutzen, solches mit großem Nutzen lesen.
Wie oft verwendet ein Landwirth aus Unkunde der Bestandtheile
dieser Düngesalze, der Erdarten und der Früchte, die er dadurch
erzeugen will, sein Geld vergebens, und hat statt des gehofften
Nutzens beträchtlichen Schaden. H. D. Piepenbring hat sich das
Verdienst erworben, dem ungelehrten Landwirthe einen Leitfaden
in die Hand zu geben, mittelst welchem er ohne chemische
Kenntnisse wird beurtheilen können, wenn, wie und wo er
dergleichen Düngesalze mit Nutzen anbringen kann. Auch
Landwirthen, welche wegen Entfernung von Salzwerken die
Abgänge derselben nicht zur Düngung gebrauchen können, kann
dieses Büchlein nützlich seyn. Die wenigsten derselben haben so
viel chemische Kenntnisse, daß sie die Bestandtheile des Bodens,
des Saamens und des Düngers kennen, daher so oft der Fall, daß
ihre gehoffte Erwartung getäuscht wird. Rückerts Feldbau, chemisch

88

untersucht, ist wenigen Landwirthen bekannt; Hr. D. Piepenbring hat aus selbigem in diesem kleinen Werk von allen Getreidearten und ökonomischen Pflanzen die Bestandtheile angegeben: daher es jedem leicht wird, auch ohne chemische Kenntnisse zu beurtheilen, welche Art des Düngers seinen zu erzeugenden Früchten am dienlichsten sey."

Bei *Rückerts Feldbau* handelt es sich um das Werk von Georg Christian Albrecht RÜCKERT (1763-1800; Apotheker und Düngemittelforscher): Der Feldbau chemisch untersucht um ihn zu seiner letzten Vollkommenheit zu erheben. Von G. Christ. Albrecht Rückert, Hofapotheker zu Sindelfingen. Erlangen 1789.

Archiv für die Pharmazie und ärztliche Naturkunde, herausgeg. von SCHAUB und PIEPENBRING, Kassel 1802 fgg.

8- Ausgewählte LITERATUR

SCHWEDT, Georg: Gesundbrunnen im Schaumburger Land. Rehburg – Rodenberg – Nenndorf – Eilsen, Norderstedt 2017 – Kap. 3: Ludwig Philipp Schröter über die Schwefelquellen zu Nenndorf

RINTELN
MAACK, Walter: Stadtgeschichte Rinteln, Bösendahl, Rinteln 1989
MAACK, Walter: Das malerische Rinteln, Bösendahl, Rinteln 1978
HÄNSEL, Willy: Catalogus Professorum Rinteliensium, Bösendahl, Rinteln 1971

PYRMONT
LILGE, Andreas (Hg.): Bad Pyrmont – Tal der sprudelnden Quellen. Zur Geschichte der Pyrmonter Heil- und Mineralquellen, Schriftenreihe des Museums im Schloß Bad Pyrmont Nr. 21, 1992
GARFS, Joachim: Begegnung mit Bad Pyrmont – Ursprung, Vergangenheit, Gegenwart, Uhlmann Verlag, Bad Pyrmont 1988

MEINBERG
NOHL, Günther (Hrsg.): Berichte vom Meinberger Brunnen im Lande Lippe, Staatsbad Bad Meinberg 1967

KARLSHAFEN
SONNE, Otto: Geschichte der Stadt Karlshafen. Die Geschichte einer Hugenotten-Siedlung, Ev. Kirchengemeinde, Karlshafen 1949
BOHN, Robert: 1699-1999 Karlshafen, Wirtschafts- und Sozialgeschichte der hessischen Planstadt aus der Barockzeit, Antiquariat Bernd Schäfer, Karlshafen 2000

OERLINGHAUSEN
Stadt Oerlinghausen (Hrsg.): Oerlinghausen. Geschichte und Geschichten, Kramer-Druck, Bielefeld 1984

ERFURT (Universität)
Beiträge zur Geschichte der Universität Erfurt (1392-1816). Heft 14,
Erfurt 1966
BLAHA, Walter und METZE, Josef: Kleine illustrierte Geschichte der
Universität Erfurt, Verlagshaus Thüringen 1992

MARBURG (Universität)
BUSCH, Wilhelm (Hrsg.): Die Vierhundertjahrfeier der Philipps-
Universität Marburg 1927, Ellwertsche Verlagsbuchh., Marburg
1928

(Weitere Literaturangaben s. im Text)

Herstellung und Verlag:
BoD - Books on Demand, Norderstedt
ISBN 978-3-7448-5536-5